U0348499

成事在人

管理者识人用人的必修课

季亮 ◎ 著

机械工业出版社
CHINA MACHINE PRESS

图书在版编目（CIP）数据

成事在人：管理者识人用人的必修课/季亮著. —北京：机械工业出版社，
2024.4

ISBN 978-7-111-75252-3

Ⅰ.①成…　Ⅱ.①季…　Ⅲ.①人才管理学　Ⅳ.① C962

中国国家版本馆CIP数据核字（2024）第049660号

机械工业出版社（北京市百万庄大街22号　邮政编码100037）
策划编辑：白　婕　　　　　　　责任编辑：白　婕
责任校对：王小童　张亚楠　　　责任印制：李　昂
河北宝昌佳彩印刷有限公司印刷
2024年5月第1版第1次印刷
170mm×230mm・20.75印张・1插页・217千字
标准书号：ISBN 978-7-111-75252-3
定价：79.00元

电话服务　　　　　　　　　　　网络服务
客服电话：010-88361066　　　机　工　官　网：www.cmpbook.com
　　　　　010-88379833　　　机　工　官　博：weibo.com/cmp1952
　　　　　010-68326294　　　金　书　网：www.golden-book.com
封底无防伪标均为盗版　　　机工教育服务网：www.cmpedu.com

2009 年的秋天，我在美国密歇根州兰辛市的一家美式餐馆打工，"有幸"近距离观察到糟糕的一线管理者是如何快速地毁掉一个团队的。

作为当时少数打工的中国留学生，我很期待这份补贴家用的额外收入，这段难得的打工经历也确实在不同意义上让我受益匪浅。

餐馆的员工分成两类：一类是大堂经理和后厨厨师这样的全职员工，另一类就是拿时薪的各类小工。我自然是后者，工资为每小时 7.5 美元，几乎是当时美国最低时薪。虽然只是一家餐馆，但内部规章制度清晰严谨、奖罚分明。员工的福利待遇比较简单，就是基础保险和一张就餐打八折的员工卡，当然有些隐藏福利只有成了老员工之后才会知道。餐馆甚至有明确的员工转正晋升机制，这令我一个人力资源管理系的研究生颇感兴趣！

在餐馆打工的一年多里，我几乎尝试了所有可以做的小时工工种，也与若干位主管共事。这些主管也是小时工，只不过是最高等级的小时工，距离转正一步之遥。他们中各色人种都有，性格和人品各不相同，管理风格自然也五花八门。咱们就说一下其中最有趣的一位，他是一位非常不喜欢被错认成中国人的 ABC[○]。我们姑且叫他"假笑先生"，因为他确实总是喜欢眯着眼，似笑非笑地看着别人。

别看只是一家餐馆，主管作为最基础的管理者，其实权力不小。在一个工作时段（以下简称工段，一个工段为 4 个小时）只会有一位主管负责十几个小时工的统筹管理，其中包括每个人的分工、管理、绩效和计时工资录入等。而小时工们也会按照他的安排各司其职，有的在就餐区端盘子，有的在沙拉台装填沙拉，有的做比萨，有的做墨西哥卷，还有的在地下室刷盘子。假笑先生有几个有趣的习惯，不知他自己是否注意到了，这几个习惯最终导致大部分小时工不愿意接受他的管理。

首先，假笑先生的工作分配令人不满。很多主管会尽可能地让大家轮班，毕竟谁都愿意在就餐区端盘子，因为会有不菲的小费。主管们也会考虑每一个员工的特点去尽量规避其不擅长的工作。和企业不同，餐馆里"人岗不匹配"的恶果会立刻体现出来。你会看到一个

○ American-Born Chinese，指在美国出生的华裔。

手忙脚乱的红发小伙子完全记不住十几种奶酪的名字，以至于半小时也做不出一个墨西哥卷，等待的人就会在短时间内排成长龙。我们的假笑先生在工作分工方面有他的个人喜好，很多女同事会去求他安排到就餐区端盘子，他都会开心地应允。最后剩下来的抬冻肉或者刷盘子的工作经常就会留给一些特定员工，比如我。在那段时间里，我几乎次次都被安排去刷盘子。地下室机器轰鸣且温度极高，刷盘子又有严格的流程，脏乱不堪的餐具被自动履带源源不断地送下来，要非常及时地取下来先放入冷水清洗，再用热水清洗，最后放入蒸汽机中杀菌。这就是为什么大家都希望躲开这个工种。

其次，假笑先生对员工的考评打分比较随性。这就引起了大家的抱怨，毕竟有些人希望将来能够成为正式员工。举个有趣的例子，他认定我是一个高绩效的员工，一是因为我比较听话，总是去刷盘子；二是因为他觉得中国人比较勤劳。其实他不知道的是，我做的意大利比萨相当不错，火候把握得当，非常受同事和顾客的欢迎。还有他不知道的是，我们这些小时工也会在其他工段工作，相同的人在假笑先生的工段和其他工段得到的评价差异很大。

最后，很多员工都跳槽了或者申请不在假笑先生的工段上班。那个学期结束之后，我再也没有见到过假笑先生，据说他自行离开了。

从组织的角度而言，餐馆内的团队架构并不复杂，内部分工也比较简单直接。即便如此，有关人的问题也并不会因此降低难度。事实上，和人相关的问题在哪里都比较棘手，都需要谨慎处理。在这个小案例里，我们这些小时工并不会因为遇到一个糟糕的主管就少赚工资，但是小时工们还是走掉了。所以这不是因为钱的事情，而是因为主管识人用人的能力不足。假笑先生至少犯了三个常见的人才管理错误：第一，无法有效识别人才；第二，人岗匹配错误；第三，考评标准不清，赏罚不明。这些个人造成的纰漏会导致整个工作环境显得不透明、不公平。如果员工觉得不公平，又看不清前路，自然就拿脚投票，离开组织。

我后来正式参加工作，无论是在哪个国家哪个行业的企业里，我都遇到过很多位"假笑先生"。他们中的很多人也非常困惑和痛苦，他们搞不明白为什么带团队如此辛苦？为什么下属不喜欢他们？为什么上级领导认为他们不擅长用人，难堪大任？本书就是要通过在组织中搭建一套闭环的人才管理机制，来赋予各级管理者更科学、更有效的识人用人方法和工具，让管理者们有能力高效率地管理团队、发展员工，甚至将人才当成资本一样增值运营。

管理者要解决什么问题

无论是初创企业，还是世界 500 强企业，其核心目的都是一致的，即"利益最大化"。如果一定要给这个目的加上一个期限的话，那就是持续不断地利益最大化，也就是学界所指的永续经营。为此，企业就要借助与自身发展阶段适配的战略与管理手段来达到永续经营的目的。在这个过程中，对任何一家企业而言，最重要的资产就是两样："钱"和"人"。企业遇到的主要问题也几乎都是围绕这两样的。

钱，毋庸置疑，很多企业即使身处窘境，也不会轻易动用现金储备。

人，作为资产，几乎每位管理者都在强调其重要性。

然而当经营陷入困境时，企业往往优先削减培训预算、冻结编制，甚至不得不向"社会输送人才"，让人才"强制毕业"。

所以，人才到底是不是企业的"财"？

"如果把我们公司顶尖的 20 个人才挖走，那么我告诉你，微软会变为一家无足轻重的公司。"比尔·盖茨如是说。

日本"经营之神"松下幸之助说："企业最大的资产是人。"

人才作为难以量化的资产，的确是企业生财的源头，当然也可能变成破财的症结。

人力资本的增值潜力巨大，为企业带来的长期效益远超股票和基金。那么如何识人用人就是各层级管理者需要深入思考的核心议题之一。

当一名个人贡献者第一次开始管理一名下属的时候，他才正式转型成一名基层管理者（People Manager）。世界级管理大师拉姆·查兰界定了六级领导梯队，每一级的管理者都在组织中发挥着不同的领导作用，也会遇到相应的人才管理问题。

- 高管没少招，全是业内风云人物，怎样排兵布阵才能让他们各显神通，避免"1+1 < 2"的窘境？
- 中层管理人员严重不足，时常出现"岗等人"的问题。付出巨额的猎头费能解燃眉之急吗？
- 企业内部培养了员工，可是他们成才了就跳槽，这赔本买卖还做吗？
- 扩张时猛招人，一遇风浪就裁人，企业人才队伍毫无规划和应对危机的能力，员工对企业失去了信心怎么办？
- 企业随时面临人才流失的风险，而关键人才又极难招募。怎样才能留住关键人才？
- 年轻人初入职场，往往会面临很多问题，从"70后""80后"到"90后""00后"，每一代人都曾年轻过，究竟是年轻人难管理，还是企业没有与时俱进？

这些都是我们日常管理中经常遇到的问题，都与"人"密切相关。无论企业处于生命周期的哪个发展阶段，无论是制作花瓶的小型作坊还是生产火箭的大型企业，都需要在优秀的管理机制下完成有序经营。而在这个过程中，所有的管理者都会遇到复杂的与"人"相关的问题。这些人才相关的疑难杂症虽然看似纷繁复杂、千头万绪，实则可以大体分为两类：人才的"价值问题"和"效率问题"。

近年来企业常提到的一些关键词，如组织效能、人均效能、降本增效等，都在明确地告诉我们，在不确定性不断加强的 VUCA[⊖]时代，企业必须要精打细算、精益求精。怎么做？提高人才的个体价值，并将这种价值释放到极致。这才是管理者面临的最大挑战，也是本书的核心价值。

一本管理者识人用人的必修指南

VUCA 时代，企业如履薄冰，什么是管理者在不确定中必须抓住的"确定"

《经济学人》上发表的一篇社论讲得非常到位：受这场捉摸不定的新冠疫情影响，当今企业将会面临充满危机的全新商业环境，如果想要幸存下来，必须注重以下两点：一是拥抱高新科技的能力，二是时刻提防寡头垄断的出现。

这两点不但映射了中国当下的形势，而且预言了世界未来十年的发展。

⊖ VUCA 是指易变性（Volatility）、不确定性（Uncertainty）、复杂性（Complexity）和模糊性（Ambiguity）。

　　我国正式从增量时代迈入存量时代。在存量时代，资源会急剧向头部企业靠拢。以前是大鱼吃小鱼，现在是巨大的鱼吃大鱼、小鱼、小虾，马太效应已出现在各行各业。

　　与此同时，全球市场经济疲态尽显。在这样严酷的时代背景下，能否高效地管理人才，成为企业兴衰存亡的关键。无论什么规模的企业都需要踏实下来"**向管理要效益**"，即向管理者和员工要效益，向人才要效益。

　　聪明的管理者懂得洞察时代，不浪费任何一场危机带来的机遇。在后疫情时代，企业需要的是懂得人才管理的高效管理者和帮助企业运营人力资本并使其不断增值的专家。

　　如何帮助企业提高组织和人的效能？人才管理将是未来十年中高层管理者的必修课。

符合中国企业特色的人才管理体系

　　改革开放四十余年，中国企业已经走出了一条属于自己的企业管理之路，也形成了独有的用人文化与特征。要想在这片生机勃勃的试验田中种出优秀的人才管理实践果实着实不易。很多企业会寻求中外知名咨询公司的帮助。诚然，咨询顾问的眼界是开阔的，但在企业内部深耕的经验较少，并且咨询公司做项目多是只开处方不卖药，更不对疗效负责。人才管理项目能否切实地在企业内部落地执行，还是要看后续接手的内部管理者的水平和能力。

这些年，我见过太多惨痛的失败案例。

最早一批从知名咨询公司跳槽到中国企业的咨询顾问很好地完成了知识信息普及的任务，却发现之前"缺失"的后期落地执行才是最困难的。

在野蛮生长的红利期，很多乘风而上的中国企业再次广纳贤才，从世界 500 强企业挖来了一批高级管理者。他们中的大多数因所谓的"水土不服"而折戟沉沙，最终往往降职降薪回到熟悉的环境。

问题出在哪里呢？

任何管理举措，如果不能助力企业战略，为企业解决问题，甚至无法落地执行，那么它就是无用的。中国尚处在构建具有全球竞争力的人才高地的进程中，急需先进且能够在本土落地执行的人才管理技术，而拿来主义往往行不通。没有经过验证的技术不存在价值，因此人才管理本土化就变得至关重要，而这正是本书的优势之一。**本书应用了全球先进的人才管理技术，并聚焦中国企业的本土化实践。**

本书提供了丰富的企业真实案例，多为我在企业的实操经验。我在本书中首次提出了适用于中国企业的人才管理能量环模型，该模型包括识人篇的三大人才管理核心和用人篇的九个应用场景。本书力争立足于全球技术前沿，探索中国本土化实践，为各位读者提供一本高质量、实用性强的识人用人行动指南。

本书的结构与阅读建议

本书基于企业内部管理者的视角，从需求出发，内容分为四篇。

第一篇的重点在**"战略"**，第一章阐述企业战略、组织与人才之间的能量关系，并总结出企业得以永续经营的成功公式；第二章简要概述了人力资本增值体系——人才管理能量环模型。

第二篇、第三篇的重点都在**"实战"**。这两篇的内容以人才管理能量环模型为主线，分别介绍了识人篇的三大人才管理核心和用人篇的九个应用场景，并分章详细阐述了人才管理能量环每个组成部分的作用机理及实施步骤，还加入了大量实操中应用的工具表单。这也方便管理者和人力资源从业者将本书作为工具书使用，可按照实际工作需要依目录直接查阅。

第四篇的重点在**"预见"**。当下世界唯一不变的就是持续地变化。作为管理者要具备一定的预见性，运筹帷幄，才能为企业规避风险、赢得先机，也可以为个人的职业发展铺路。

此外，全球化是近年的热门争论话题，本书依托我的所知所识，分析并预测中国出海企业的新机遇和不得不面对的人才管理难题。

如果要问什么是当下最确定的全球趋势，那答案一定是数字化时代的到来。这甚至不能算是预测，因为它已然影响到我们的日常工作与生活了。本书也阐述了最前沿的六大人才管理数字化应用趋势，以及优秀的数字化项目实践。

全书每章都会引入真实案例来增加内容的实践性。这些案例来自不同行业、不同企业，真实且干货满满。每章内容基本按照案例分析、基础概念、作用机理、实操步骤及工具介绍的逻辑展开，让读者知其然也知其所以然，并可以依此行动指南挑选工具。

如履薄冰，敬慎所忽。本书在撰写过程中，我秉承着对自己以及对读者负责的态度，每一个概念、每一步操作都力图基于扎实的专业背景和严谨的管理实践总结，以此保障知识体系的先进性与本土化的实用性。但管理实践如浩渺无垠的大海，书中如有疏忽及不足之处，我衷心地欢迎广大读者交流指正，共同进步！

目录

前言

PART

1

能否「识人用人」，

关乎企业兴衰存亡

有关"人"的问题

第一节　企业最棘手的永远是"人"的问题

　　袁绍与曹操共同起兵讨伐董卓，袁绍问："假如大事不成，有什么地方可以据守？"曹操说："你的意思如何？"袁绍答："我南据黄河，北靠燕、代地区，召集北方蛮族兵力，向南争夺天下，大概可以成功吧！"曹操说："我任用天下的贤能智士，加以正确指导，在什么地方都成。"

　　这则对话发生的时候，正是袁绍和曹操准备同时起兵讨伐董卓之际。两人心中自知，此事凶险万分，便讨论起如若战败，各自能退守到哪里的问题。袁绍家底雄厚，大可以据黄河天险，以图东山再起。而曹操则说出了："吾任天下之智力，以道御之，无所不可。"意思大概是，我惜才爱才，也懂得如何任用贤能，哪里留不得。一番对话之间，两人的格局立判高下，人才的重要性也凸显了出来。团队最重要的王牌不应是天险和钱财，而是人才。

人才的重要性无须赘述。企业家也好，王侯将相也罢，本质上都是团队管理者，成功经验可以相互借鉴。那么帝王如何运营人力资本呢？相较于在"伟光正"的明主身上寻找答案，研究那些褒贬不一的枭雄似乎更加有趣，因为他们对自己的时间和精力都极为吝啬，甘愿付出心血的事必然有大图谋。

如司马光对曹操的评价：王知人善察，难眩以伪。识拔奇才，不拘微贱，随能任使，皆获其用……勋劳宜赏，不吝千金；无功望施，分豪不与。用法峻急，有犯必戮，或对之流涕，然终无所赦……故能芟刈群雄，几平海内。这一段简明扼要的个人评价几乎总结了曹操高超的用人之道。

第一，**知人善察**，司马光一开口就先强调了曹操的顶配技能——识别人才。"唯才是举"就是曹操提出的人才战略，他还三次发布求贤令破格选拔人才，这些举措不但让后人钦佩，而且值得后人学习效仿。

第二，**善于用才**。"不拘微贱，随能任使"算是"人尽其才，物尽其用"的典范。曹操力图将人力资本配置到最优。在这个方面，有用人"洁癖"的诸葛亮都自愧弗如。

第三，**赏罚严明，依法治人**。曹操在这一点上也尤为突出，所以最终"芟刈群雄，几平海内"。

即使《三国演义》对曹操的定位是一代枭雄，但仍不惜重墨多次描绘他如何礼贤下士，可谓"雄哉魏太祖，天下扫狼烟。动静皆存智,高低善用贤"。曹操正是因为清楚人才的重要性,才愿意耗费心力来解决组织中层出不穷的"人"的问题,并最终受益于此。

所谓为政之要,惟在得人。企业又何尝不是如此?古往今来,如曹操这般优秀的团队管理者都有比较相似的识人用人心得。其中蕴藏的中国传统管理智慧其实与近代西方的人才管理理念有很多不谋而合的地方,尤其值得中国的管理者深入了解、对比研究。

企业面临两类有关"人"的棘手问题

有这样一个真实的例子。在一次与高管的闭门会议上,某千亿级地产公司老总王老板对人力资源副总裁感慨道:"多希望下面这些高管都是'小王老板'啊,不能一直只靠我一个人。"这就是老板最原始的困惑和诉求。

他的困惑在于看不到符合条件的"小王老板"——接近自己又绝对忠诚的存在。他需要的是一支具备相应能力且与他一心同体的高管团队。他希望将来有一天自己退居二线了,能有合适的接班人与团队保障公司正常运转,甚至蒸蒸日上。此时此刻,这个火锅店老板出身的千亿级企业家萌生了一个非常朴素的人才诉求。

听到此处,这位人力资源副总裁可能已经飞速地在头脑中绘制人才盘点流程,设计继任计划,乃至筹备配套的人才发展项目了。这些"术"层面的知识技能的确是我要重点阐述的内容之一。我们先循着王老板的思路,从组织与人才的角度再深入挖掘一下这些企业关注的

"人"的问题。我们不难发现这些人才相关的疑难杂症可以大体分为两类：人才的"价值问题"和"效率问题"。

人才的价值如何衡量呢？

目前在企业财务三大报表上，员工都只是以"成本"（Cost）的标签出现，而非"资产"（Asset）。很多人力资源领域的学者认为"人才"应该作为可量化的资本体现在财报之中。十几年前学界就开始了有关人才资本化的研究，但目前仍没有非常有效的科学方法来实现这一点。然而作为管理者，我们还是要想办法对企业所拥有的人力资本进行模糊的价值评定，并通过有效的管理举措让人力资本进一步增值，这也是人才管理的使命所在。在此，我们会通过对人才的能力、潜力和绩效等多维度分析来解答企业中人才的价值问题。

另外，从近十年的社会经济数据来看，我国已经进入了高质量发展的新常态。如今各行各业的资源竞争愈发激烈。在这样的时代背景下，无论是巨头还是中小企业，都不得不花费大量精力来研究精细化管理，以期降本增效。组织效能、人均效能等关键词频繁地被企业和管理者提及，这都在证明企业必须要学会精打细算、精益求精。对管理者而言，如何更快速地找对人、用好人，力图得到最优解的人力资本配置，涉及人才的效率问题。

在一定程度上解决以上两类人才问题便会帮助企业降低成本浪费，提升组织效能，还能规避很多无法估量的风险，毕竟企业最棘手的永远是"人"的问题。通过体系化人才管理技术来高效运营人力资本，最终达到人才的"降本增效"与"开源节流"，是当下企业制胜

的关键。在直接进入人才管理的话题之前,我们需要在战略层面一起
梳理一下识人用人的顶层逻辑。

第二节 企业的核心竞争优势:战略、组织与人才的能量关系

> 全球战略管理领域的知名学者理查德·鲁梅尔特[一]教授曾分享
> 过这样一个有趣的故事。1977 年,他在 MBA 最后一轮考试中遇
> 到了一个问题:"本田是否应该进入世界汽车行业?"
> 这道题在当时绝对算是道送分题,没有人认为做摩托车起家
> 的本田应该进入汽车行业。
> 你觉得答案是什么?
> 1985 年的夏天,理查德·鲁梅尔特和他的妻子就驾驶着一辆
> 本田汽车驰骋在美洲大陆上。

本田是否应该进入世界汽车行业?时至今日,这个问题的答案已
经显而易见。如今的本田是汽车界的一流制造商,更是日系车企三巨
头之一。可是回到 1977 年,所有的 MBA 学员以及理查德本人,都
一定会回答"本田不应该进入世界汽车行业"。为什么呢?

[一] "当今 25 位对管理理念和公司行为最具世界影响力的思想家之一"(《经济学人》),
被麦肯锡钦佩地称赞为"战略中的战略家"。他的著作《好战略,坏战略》广为人
知,曾掀起过战略研讨的风潮。

我们要借助下面这个知名度颇高的战略分析工具——波特五力模型 ⊖（见图 1-1）回答。迈克尔·波特将原本复杂、模糊的战略分析通过五力模型这样直观的形式呈现出来，使得战略解析过程更加简单、规范。通过分析"竞争对手"（同行之间的竞争激烈程度）、"供应商"（供应商的议价能力）、"客户"（客户的选择空间）、"行业壁垒"（新加入者的挑战）

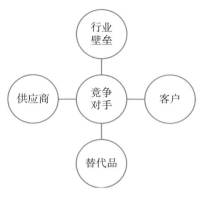

图 1-1　波特五力模型

以及"替代品"（替代品的威胁）这五个维度，对企业未来的战略进行商讨与决策。

我们就运用该模型分析一下 1977 年时本田选择进入世界汽车行业的战略决策是否明智。

本田成立于 1948 年，实际上是做摩托车起家的。其中 1958 年上市的超级幼兽（Super Cub）可谓风靡日本（见图 1-2），这在当时是绝对的爆款，迄今为止总销量超过了 1 亿辆。在摩托车领域风光无限的本田开始思考自己的未来走向，是专注摩托车行业的上下游，还是尽早寻找企业的第二曲线？本田内部经过怎样激烈的战略研讨我们不得而知，其结果便是下定决心进军陌生的汽车行业。甚至在 1967 年，

⊖ 又称为波特竞争力模型，是迈克尔·波特（Michael Porter）于 20 世纪 80 年代初提出的，对企业战略的制定产生了全球性的深远影响。波特五力模型明确指出了组织环境中影响竞争的五种力量，这五种力量综合起来影响着行业的吸引力以及现有企业的竞争战略决策。（明茨伯格，《战略历程》）

本田更是选择进军非常成熟的北美汽车市场,挑战底特律汽车三大巨头。就是在这样的背景下,"本田问题"出现在了 MBA 的试卷上。

图 1-2 1958 年本田生产的"超级幼兽"

注:该图取自网络。

很明显,当时做摩托车出身的本田就是个新加入者。面对红海一般的汽车行业,它的竞争对手可不止"老大哥"丰田一位。欧洲有大众、宝马、戴姆勒等老牌车企,美国的福特、通用汽车和克莱斯勒已经称霸北美汽车市场。而且美国的汽车制造商打了多年的感情牌,通过铺天盖地的宣传,几乎让首选国产车的理念深入人心。在竞争对手这个维度,本田显得毫无存在感。

再看客户和供应商这两个维度。当时的本田并不具备充足的制造汽车的经验,更谈不上成熟的分销渠道,客户自然不会轻易选择不成熟的新兴品牌。而面对持审视态度的供应商，本田也只能牺牲利润来换取初期的关系网络。

汽车行业需要重资产投入，一旦选错赛道，公司很快就会撑不下去。显然基于上面的战略分析，本田进入汽车行业的决策是一个不可思议的高风险选项，这是当时众多知名咨询公司给出的一致结论。

然而命运总是喜欢有出其不意的桥段，从 1977 年到 1985 年，短短 8 年，理查德本人就变成了本田汽车的忠实客户，算是海外版的"真香"时刻。本田也确实在全球汽车市场上崭露头角，并不断发展壮大下去。

前面的战略分析究竟出了什么问题？

让我们重新审视这个战略决策。依然从波特五力模型入手，再融入中国传统管理智慧的成功三要素——"天时，地利，人和"，这次要充分考虑企业的内在因素——人。

首先，摩托车的安全系数要远低于四轮汽车。也正因为如此，摩托车制造商本田对于安全相关的要求是非常敏感且执着的。安全第一，这种经年累月培养起来的"忧患意识"深深地烙印在每一个本田员工的心里，由最初的公司理念变成每一个人的信念，最后变成所有人的习惯，这正是文化的强大之处。不要小看这一点，这份对安全精益求精的执念所激发出的员工行为会潜移默化地影响制车的每一个细节，聚沙成塔，最终凝聚成质量过硬的产品。本田用 70 余年的矢志不渝验证了这个观点，也赢得了世界各地客户的认可与信赖。

如果说员工对安全的执着造就了本田的"人和",那么不断推高的油价则成全了本田的"天时,地利"。

摩托车的发动机通常要求性能强且排量小,多年来,本田在低油耗方面积累了显著的技术优势。原本欧美客户对油耗并不十分敏感,很多北美客户甚至酷爱道奇皮卡那种大排量发动机的力量感。但当油价飙升,人们发现自己的钱袋子快要被"油耗子"啃食殆尽时,转过头看看本田汽车的低油耗、高安全系数以及便捷的维修服务,"真香"时刻自然而然就出现了。本田在 1972 年创造的产品思域(见图 1-3)一经投产就广受世界各地客户好评。因其出色的燃油经济性,当年的思域被誉为在那个全球燃料短缺时代下应运而生的最佳车型,本田也借此天赐良机迅速抢占国际市场。

图 1-3 1972 年诞生的本田思域

注:该图取自网络。

所谓知己知彼，百战不殆。对企业而言，这个"知己"便是要对自身的组织和人有清晰的认知。先要清楚自己的优势在哪，而后才能做到"知彼"，分析出相较对手的竞争优势，抓住客户的真实需求。也许在本田看来，以产品为核心，做到知己知彼，其他维度的艰难险阻都可以通过人的努力去克服。至少在"本田问题"上，同样是用波特五力模型，本田的管理者基于对本田人的了解和自信，给出了和咨询公司截然不同的答案，并用了短短几年就证明了自己是对的，可见高层管理者对组织与人才的掌握程度实实在在地影响着企业战略规划的能力。

战略、组织与人才的能量关系

战略落地，只能依赖"人"

从"本田问题"的案例中可以看出，在战略制定的过程中，对组织与人才的考量是至关重要的。管理者需要有能力洞察战略与组织能力之间的关系。本田就得益于此，它的管理者做出了进军汽车行业这样大胆的战略决策，而正是这个决策让公司持续繁荣了 50 余年，成功地抓住了企业发展的第二曲线。

从更宏观的角度看，丰田、本田等日本企业的成功的确让欧美企业为之侧目。事实上，如果说 20 世纪 60 年代之前，日本一直在学习美国的企业管理，那么在 20 世纪六七十年代之后，美国企业界和管理专家们已开始研究日本企业独有的管理之道了，例如文化方面的"匠人精神"、生产方面的"精益管理"等。这里面差异最大的便是不同文化背景下的组织与人。能落实到位并坚持到底的战略就算是好战略，要实现这一点，只能依赖于"人"。

几乎每个企业都会面临生存或成长的需求，无论它处于全生命周期中的哪个阶段。管理者的主要责任正是提前预知这些需求，并在时限内动用一切可调配的资源来满足需求，进而带领企业进阶到下一个层次，不断成长壮大。怎么才能做好这件事呢？

老子讲"道、法、术、器"，道以明向，法以立本，术以立策，器以成事。"道以明向"是放在首位的。出发的方向若是错的，再多的努力也只是徒劳。我们后面会深入讲解很多"法、术、器"层面的知识内容，在此，我先和各位一起论"道以明向"。这个"道"，便是战略、组织与人才的能量关系。六西格玛管理法中有一个分析问题的思维方式非常值得借鉴：看问题，首先要从一万米高空俯瞰全景，然后再到五千米高空审视，由远及近、由全到点地抽丝剥茧、深入分析。

我们就先从一万米高空来看"道"层面的企业战略与组织、人才的关系。

首先，明确什么是战略

很多企业标榜自己的战略是"成为本行业的先驱者"，或者"成为全球最值得信赖的企业"，等等。我们要清晰地认识到，这些都不是企业的战略，最多算是长期目标。战略这个词是个舶来品，来源于希腊词汇，直译的话是"将军之道"，所以战略实际上来源于战争。如果你问秦始皇他的战略是什么，他一定不会告诉你是统一中原，这是他的终极目标。秦始皇的战略是充分利用自身的优势，横扫六国，北击匈奴，南攻蛮族，获得一场场战役的胜利，最后一统天下。这一系列大战的策略和打法才是他的战略。

回归到企业层面，美国学者钱德勒在 1962 年提出了战略的定义：确定企业基本长期目标，选择行动途径并为实现这些目标进行资源分配。在众多诠释中，钱德勒的定义最为凝练简洁，也为管理者清晰地界定了形成战略要完成的动作。

企业战略有哪些种类呢？

这里就要再提一下战略管理领域的泰斗迈克尔·波特。他认为企业的战略虽然看似门类繁多，但是经过验证相对有效的战略均可归类为以下三种。

一是成本领先战略，顾名思义，通过优化成本从而获得有竞争力的价格来开拓市场，譬如吉利汽车。

二是差异化战略，通过差异化的产品定位来抓住消费者感知价值，典型案例如苹果手机。

三是专一化战略，通过对产品和市场的深度开放，促使企业获得增值效益，格力空调就是国内的典型案例。

战略、组织与人才的关系公式

企业的战略规划落到实操层面则千变万化，而且随着企业的发展进程也需要与时俱进。前面讲过，企业的最终目的是永续经营且利益最大化。在这个过程中,好的战略是必不可少的,它指引着企业未来五到十年甚至更长期的前进方向,而支撑战略落地并向前推进的是企业内人才形成的合力——组织能力。二者的作用不是简单地叠加,而是作为乘数,实现倍数增长。

那么战略、组织与人才究竟是怎样的关系呢?我们先用一个简单的公式来回答这个问题。

企业持续成功 = 战略方向 × 组织能力。

一家企业的组织能力和人的能力一样,人的能力存在长板与短板,一群人凝聚起来所形成的组织的能力也有其特质,而其中能够被称为优势的特质就是该企业的**"核心竞争力"**。

企业的核心竞争力

企业内部的资源是有限的。将有限的资源投入既定的战略目标,就要做到有的放矢,这个经营意识是管理者必须具备的,并且需要时刻提醒自己。企业和管理者无时无刻不在寻找成功的诀窍,到了20世纪90年代,很多管理者开始逐步认识到企业在竞争中克敌制胜的有效方法与自身的核心竞争力极为相关。

树形理论

针对企业的核心竞争力,美国普拉哈拉德和哈默教授提出了一个生动形象的理论——树形理论(见图1-4)。这个理论将一家多元化企业比作一棵参天大树，这棵树的树叶和果实就是该企业提供的多元化产品与服务，伸展出来的枝干则是组织的各种业务单元，而树的主干就是企业的核心产品，为大树日供养分和稳固支撑以上部分的根就是企业的核心竞争力。

图 1-4 树形理论

正如二位教授在《公司的核心竞争力》一文中描述的那样："**核心竞争力不仅仅是整合各种技术，它意味着对工作进行组织和提供价值，是组织的集体学习能力。**"核心竞争力必须是对企业而言可持续的竞争优势，不会随着使用的增多而减少，这势必来自企业自身的组织能力。

我们再套用树形理论来思考一下之前"本田问题"中的两次战略分析。如果仅以本田当时的产品、服务或组织的业务单元来判断它进军汽车行业的存活率，就如同通过观察树叶、果实、枝干来预判这棵树未来成材的可能性，的确容易看走眼。如果对本田的核心竞争力有深入的观察和了解，那么决策正确的可能性就大幅度提升了。透过现象看本质是亘古不变的真理，这里的"本质"就是企业的核心竞争力。

理解战略、组织与人才，有助于提升管理者的认知

企业在进行战略解码的过程中，能否认清自身的核心竞争力是决定其战略方向是否得当的关键因素。以这个逻辑进一步思考，企业的管理者对人才的识别和任用能力在一定程度上影响了企业战略。

理解战略、组织与人才这三者之间的关系，不仅有利于企业的发展，很多时候还决定了管理者认知水平的高度。一个能够站在企业的视角思考并处理"人"的问题，甚至具备搭建战略与人才之间桥梁的能力的管理者，一定是企业内最大的稀缺性资源。

这一点也经常体现在管理者与老板的关键对话中。有这样一种说法：高层管理者的水平往往体现在他能否与老板进行"平等对话"。很多中层管理者和人力资源从业者往往仅聚焦在人才管理实践的细节方面，也就是停留在所谓"术以立策"或"器以成事"的层面，而忽视或者无法达到企业经营的战略高度，也就是"道以明向"的层面，那就很难成为老板眼中的帅才、将才。这也是于管理者而言，本章内容的另一层价值。

现在，我们假设企业已经制定了未来的战略规划，那么接下来要努力的方向就非常明确了。管理者需要想清楚如何利用有限的资源来打造匹配企业战略的组织能力，从而让企业获得征战市场的核心竞争力。

第三节　存量时代，人才管理的风口来了

有这样一家世界 500 强企业，它拥有六万多种产品、五十余个产品业务单元，多元化的程度令人咋舌。这些产品不但都是自主研发的，而且远销全球，这家企业就是 3M。从你身边随处可见的胶带、便笺纸，到企业的投影设备等办公用品，很可能都是由 3M 生产的，走在街上看到很多连锁餐厅的牌匾可能是 3M 材料制作的，甚至你的手机里也有十几种材料是来自 3M 的。这才是货真价实的无处不在。这家百年前由 5 个年轻人创立的采矿公司，如今已经发展成为一家鹤立鸡群的多元化科技企业。

3M 的产品实在是涉猎广泛，以至于对消费者而言，3M 未来生产什么类型的产品都不奇怪。正如惠普公司创始人威廉·休利特（William Hewlett）评价："你永远不会知道 3M 下一步会推出什么产品。奇妙的是，3M 很可能也不知道自己下一步会推出什么东西来。"事实上，3M 平均每天会推出 1.5 项产品发明。这种创新能力让多少企业羡慕不已，而这也是 3M 最为醒目的核心竞争力。

3M 是如何做到的？

优秀的企业能够依靠自身的核心竞争力屹立于商战之中，本田如

此，3M 亦如此。

核心竞争力是企业获得的长期竞争优势。对企业而言，它必须是可持续的，且源自企业自身的组织能力。3M 的创新能力正是如此。3M 平均每天会推出 1.5 项产品发明，这样强大的创新能力源自 3M 组织内的每一名员工。身在企业多年，我们都非常清楚创新是多么难能可贵的一项组织能力。

坚持创新究竟有多难

3M 作为一家百年企业，创始人早已不在，企业全权由职业经理人管理多年。3M 仍能保持甚至进一步提升创新能力这项核心竞争力，足以见得其文化传承、人才管理机制保障等都做得非常到位，这样的案例并不多见，值得中国企业深入研究。

如果说创始人埋下了创新的种子，那正是这些前赴后继的职业经理人在百年间让这颗种子顺利地生根发芽、开枝散叶，并结出了丰硕的果实。这有多难得？

首先，收益的不确定性意味着投资的性价比不高。不同于个性鲜明且理想主义的创始人，职业经理人出身的高层管理者们深知组织的资源是极其有限的，他们的核心工作就是管理好这些资源。较之成本优势战略或者专一化战略，"投资创新能力作为其核心竞争力"的战略方向基本没有短期收益，也无法保证长期效益，怎么看都不是最优选项。

其次，高风险项目从来都是职业经理人优先规避的选项。大部分职业经理人的第一生存要义都是规避职业风险，而不断投资创新事业这条路完全不符合这个诉求。创新能力的建设，搞得不对，会立即砸饭碗；搞得对，也多是前人栽树而已。事实上，3M 的某届高层管理者也确实搁置过创新能力的建设。好在后来在新一届 CEO 的带领下，3M 又坚定地回到了这个战略方向。这也是为什么绝大多数公司无法真正地做到创新，给华尔街按时交付满意的答卷就已经让高层管理者们忙得不可开交了。3M 用实际行动和突出的业绩证明了其聚焦核心竞争力的战略是正确且具有远见的。

3M 通过怎样的人才管理举措确保创新战略的落地执行

首先，在战略层面，管理者们要明确地向员工传达"创新能力"是该企业的核心竞争力，要求全员参与和支持。高层管理者的决策信息自上而下需要反复强调，清晰的沟通在组织中至关重要，确保大家的信息保持一致。在明确战略目标后，由各层级管理者带领团队致力打造组织与人才的创新能力，并且坚持下去。

其次，在组织层面，3M 倡导员工用 15% 的工作时间来从事独立研发，甚至给员工提供一定的资金资助。要知道这项传统已经坚持了百年之久，何其不易。而且 3M 内部宣称允许员工失败，管理者们理解付出一定的试错成本是必然的，毕竟为了找到王子，就必须和无数只青蛙亲吻。这些举措都切实地写进了相关规章之中，得到了员工的充分信任，也调动了他们的热情。

最后，在人才层面，我们从人才发展与考评两个维度来分析。3M是一家崇尚内部人才培养的百年企业，其中管理和技术人才双梯队建设是同类型人才发展机制中的优秀实践典范。管理人员和研发人员可以借由不同的晋升通道得到个人职业发展。最值得关注的一点是，3M真正建立并执行了平等、平行的双晋升通道。我们知道国内很多企业都设立了类似的多通道工作架构，但在实操过程中，大部分配套的制度和政策导向都还是体现了管理岗位"高人一等"的意识，这种空有架构却没有机制保障的伪双梯队形式在中国企业中并不少见。

在人员管理考核方面，3M也做到了量体裁衣。对于技术服务人员，就主要考核客户的满意度，以及内部对接部门的满意度；对于聚焦短期和中期产品的开发人员会考核新产品发明的数量，以及市场响应的相关指标；对于从事长期基础研发的科技人才则给予足够的自由度，考核更看重技术突破与专利获得。长期基础研发过程一般需要三到五年，但在此过程中，只要员工有阶段性的技术突破，就会有即时的激励举措，如奖金、晋升等。

3M的成功是可以复制的，虽然这样做很难。国内有没有以创新为核心竞争力的企业呢？有，海尔、华为都算是，但是这种企业是凤毛麟角。试想一下，在你工作过的所有企业之中，有多少将创新精神、创新意识作为企业的核心价值观内容？其中又有多少企业仅仅将创新停留在口号层面而无实质举措？员工是否真的感受到企业支持他们创新？没有可持续的核心竞争力，哪里来的百年企业？而打造核心竞争力不光需要战略层面理解到位,更需要切实有效的管理举措保驾护航。我们至少要学习 3M 的管理者,在战略的"道"与人才管理的"术"之间努力做到知行合一。

企业永续经营的成功配方

聚焦核心竞争力,打造组织能力

很多人听说过木桶理论,即一只水桶能装多少水取决于它最短的那块木板。对木桶而言,诚然如此。但是针对企业发展与个人成长,我有个不同的观点:企业也好,人才也罢,最好的策略是花费更多的时间、金钱和精力去打造长板,让长板更长。短板之所以成为短板是有原因的,很多情况下,企业分配适量的资源来护住短板即可。内向的人花费大量精力让自己看起来像个社交达人并不划算,而且很可能会失败。相对的,内向的人可能心思缜密,莫不如重点投资于自身的优势,用知识和经验武装自己,这样你就得到了相对其他人的"核心竞争力"。对企业而言也是相同的道理。

聚焦核心竞争力来打造组织能力是经过实践验证的成功法则。3M 的五个创始人做生意的眼光如何?他们当初创立这个公司,其实是为了挖掘刚玉,生产砂轮磨料。结果挖出来的矿石不达标,只能用来生产砂纸,公司一直处于亏损状态。但是他们非常清楚自己公司的优势,好点子频出,砂纸也能玩出新花样。频频创造的新工艺使得他们在第一次世界大战中发财,而后又发明了透明胶带、效力极佳的止血绷带等，它们都为 3M 带来了丰厚的收益。这完全归功于企业的核心竞争力"创新能力"。

我们再来回顾一下战略、组织与人才之间的能量关系公式：

企业持续成功 = 战略方向 × 组织能力。

企业要做好战略解码，决策未来发展方向，不但需要充分了解市场环境和竞争对手，而且要对自身的特点与优劣势有深入的剖析，如企业文化、组织与人才的能力等。战略方向选对了，只能说迈出了成功的第一步。接下来管理者不但要将战略贯彻到组织的各个角落，传达给每一位员工，更重要的是要合理分配有限的资源，打造足以支撑战略执行的组织能力。按照这个逻辑，现代企业对人才管理的水平拔升到了战略新高度。

组织是由人构成的，打造组织能力需要做到两点：第一，释放人的潜力来提升个体价值；第二，通过人才管理举措形成合力，提高用人效率，最终结果就是组织效能的提升。综上所述，企业持续成功公式可以进一步改进（见图 1-5）。

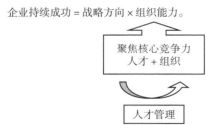

图 1-5　企业持续成功公式

由此可见，一旦战略方向确定，打造聚焦核心竞争力的人才队伍便是管理者最为重要的课题之一。这就需要先进完善的人才管理体系作为机制保障，帮助管理者运营好人力资本，而这也是本书核心"人才管理能量环模型"形成的初衷。

什么是人才管理

组织能力，就是一群人经过管理与赋能之后的综合实力体现。任何企业都无法靠一个人完成所有的生产经营动作。因此需要找到很多"对"的人才，把他们放在合适的岗位上，教会他们相互协作，并实施政策管理与激励，最终形成一股合力来实现企业的目标。

那么怎样才能"找到对的人"并将其"匹配到对的岗位"呢？这是管理大师们永无止境的研究课题，也是人才管理产生的初衷。

人才管理（Talent Management）的定义是"对影响人才发挥作用的内在因素和外在因素进行计划、组织、协调和控制的一系列活动"，也就是对职业经理人选、用、育、留的全周期管理。人才管理聚焦的核心是"人"，一切人才管理流程、机制皆为人才而设计。换言之，人才管理就是运营人力资本的增值体系。企业的管理者可以通过识别人才能力、挖掘人才潜力、做好人岗匹配等管理举措，让团队增值，从而更好地打造组织需要的核心能力。

人才管理的风口来了，我们准备好了吗

新形势新常态，要求企业关注人均效能

这几年的社会与经济环境风云诡谲。放眼世界，全球市场经济持

续低迷,企业和个人都承受着很大压力。这类世界级难题已经直接影响到了各行各业,极大地增加了企业管理的难度。世界知名企业持续地"精兵简政",更不必说在生死线上苦苦挣扎的中小企业了。

仔细观察中国各行各业的现状,当年满地黄金、群雄逐鹿的时代已经过去,我国经济已经从增量需求主导时代进入了存量需求主导时代。

正是在这样的形势之下,降本增效、人均效能等关键词登上了各大商媒头条。"效能"这个概念也成了老板们口中的香饽饽。作为管理者,我们要最先听到企业需求的号角。企业对人均效能的关注预示着人才管理将大有用武之地。

"向管理要效益"是当下管理者的机会与挑战

我们再从市场数据的角度看一下现在企业的核心诉求。

图 1-6 中的数据旨在直观地量化不同体量的企业之间人均效能的差距。数据显示,市场规模在 3000 亿元以上的行业龙头企业的人均销售额(3341 万元)将近 100 亿元以下的中小企业(700 万元)的 5 倍。其中排名第一的 W 企业更是达到了 5471 万元的人均销售业绩,这几乎是中小企业的 8 倍。我们可以这样粗略地理解:榜首 W 企业的一名员工相当于完成了很多小企业里 8 个员工的销售任务量。

有人可能会认为,也许是因为行业龙头企业花费在一个员工身上的费用更高,所以员工完成的任务量也会更高。我们再看第二组数据——管理费用率。如图 1-6 所示,千亿级的企业普遍将管理费用率控制在 2% 以下，而百亿级企业普遍接近 3%。其中，榜首 W 企业的管理费用率是 1.69%。

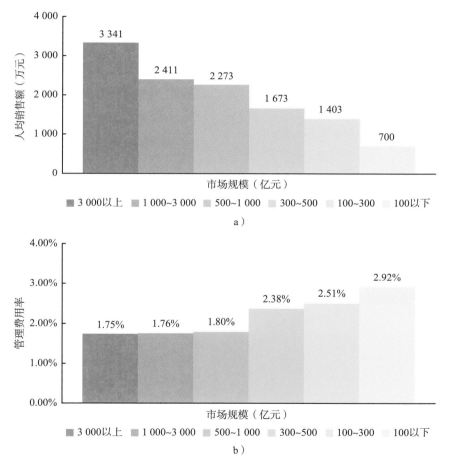

图 1-6 某行业人均销售额与管理费用率数据分析对比

这两组数据直观地呈现出了人均效能的差距对企业的影响有多大。市场规模在 100 亿元以下的中小企业人均销售额是 700 万元，管理费用率是 2.92%。对比上述的榜首 W 企业（人均销售额 5471 万元 /人；管理费用率 1.69%），我们能够粗略地算出，W 企业的人均管理费用在 92 万元左右，人均销售额是 5471 万元；100 亿元以下的中小企业的人均管理费用是 20 万元，人均销售额是 700 万元。也就是说，人均效能高的 W 企业每投入 1 万元管理费用，能够产出约 60 万元的销售额增量，与之相对，中小企业每投入 1 万元管理费用，只能产出约 35 万元的销售额增量。所以即使从资金的投入产出效果来看，也足以震撼任何一位企业家或管理者。

在这样严酷的时代背景下，企业需要懂得踏实下来"向管理要效益"。

问题是什么叫"向管理要效益"？归根结底，就是向管理者和员工要效益，向人才要效益。效能可以由人才管理来提升，为此，企业要将人才当作资本来运营。正如投资经理运营股票和基金一样，人才的运营更为复杂细腻，需要搭建完善的人才管理体系，从而实现人才选、用、育、留的增值循环。即使很多中小企业无法全面落实人才管理体系，仍然可以选择人才管理体系中适合组织的举措来为企业规避风险、提高效能。本书中的人才管理能量环模型不但采用了世界前沿技术，而且完成了本土化实践，作为优质的人才管理体系，是中国企业的极佳选择。

第二章 构建并运营人力资本增值体系：人才管理能量环模型

第一节　什么是人才管理能量环模型

正如前文介绍，人才管理是指"对影响人才发挥作用的内在因素和外在因素进行计划、组织、协调和控制的一系列活动"，也就是针对职业经理人选、用、育、留的全周期管理。人才管理能量环模型（见图 2-1）便是通过各项人才管理举措的有机组合，在组织内部构建"人才获取、人岗匹配、人才发展"的良性循环，从而打造助力企业战略执行的人力资本增值体系。

人才管理能量环模型的使命，就是要不断地发现并解决有关企业内部人才的价值问题与效率问题。通过聚焦企业核心竞争力，对影响人均效能的各项因素进行体系化管理和调控，从而高效地释放人的能

图 2-1　人才管理能量环模型

量,助力组织业务目标的达成。

人才管理能量环模型到底是如何运作的?它又是怎样设计和组合各项人才管理技术的呢?我们接下来先通过一个世界 500 强企业的优秀实践案例,从员工的视角来观察人才管理能量环模型究竟是如何发挥作用的。

中国的企业家们最大的心愿是什么?有多少行业大佬、明星企业家都心系这三个小目标:一是建立百年企业,二是员工超过 10 万名,三是经营全球化。

就这些目标而言,A 公司都做到了。

A 公司是一家制造业的世界 500 强企业,成立于 20 世纪初,至今已有百年历史。这家公司拥有完善先进的人才管理体系,曾师承通用电气,取经摩托罗拉、霍尼韦尔等,可以说力求在人才管理方面取众家之长、精益求精。

A 公司现任的董事长兼 CEO 亨利先生已经为公司服务了二十余年,他是从内部成长起来的企业领袖,而且很少有人知道当年他进入公司时的岗位是人力资源专员。

那么年轻的亨利究竟是如何从一个人力资源专员成长为 CEO 的呢?

在 A 公司员工的眼中,人才管理体系如图 2-2 所示。亨利入职的第一天,他的个人信息就会被人力资源部门录入"全球岗位任职资格"文件。这个文件非常关键,它的存在不仅是为了告诉亨利所在岗位的工作职责、关键任务，还为他呈现了完成该岗位工作所需要的能力，也就是岗位的胜任力模型（Competency Model）。全球岗位任职资格文件是任职资格体系梳理流程的重要产物。图 2-2 中空心的椭圆代表不同人才管理举措的流程，而实心的方形则代表相关流程的产物。

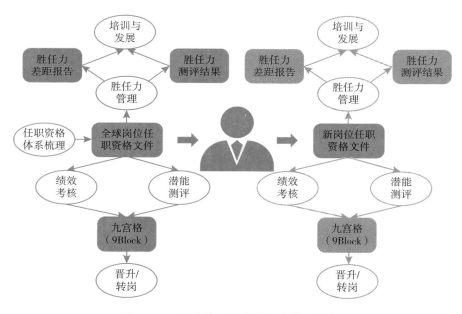

图 2-2　A 公司员工视角的人才管理体系

　　亨利入职之后会经历为期半年的融入计划，而后会有三个至关重要的人才管理流程伴随他的成长。它们是胜任力管理（Competency Management）、潜能测评（Potential Assessment，国内多统称为人才测评）、绩效考核（Performance Review）。这三个流程都是年度流程，每年 A 公司会在年中和年末各执行一次。三个流程相辅相成，通过不同维度的数据相互佐证，呈现出亨利这一年的个人提升。

通过上述三个流程,亨利可以更好地了解自己的岗位胜任情况,并根据不同能力上的差异,量身定制培训与发展计划,在工作中学习,在学习中成长。当个人能力与业绩的提升得到公司的认可时,亨利便水到渠成地迎来了人生的第一次晋升。晋升为人力资源经理的亨利的有关数据会被自动更新到新岗位的任职资格文件中,从此就进入下一个成长阶段。

公司的人才管理体系将职业通道横纵打通,这就为亨利的 CEO 之路提供了可能性。当亨利对生产运营工作萌生兴趣时,他并没有遇到什么阻碍就顺利地通过内部转岗来到了新的职能岗位,从头学起。人才管理体系再一次帮助他跨领域转型成长。事实上,亨利在数十年间尝试了生产、销售、招标采购等多个不同的职能岗位,还被多次派往不同国家历练,这些难得的成长机会都得益于 A 公司先进的人才管理体系,也正是这套体系使得亨利在众多高潜人才中脱颖而出,成为公司重点发展的对象,这个过程是双向奔赴、相辅相成的。

亨利借由 A 公司的人才管理体系不断地提升自己,一步一步地由一名初出茅庐的人力资源专员,成长为经验丰富的世界 500 强企业 CEO。

这是一个真实的例子。

人才管理专家是"医",人才管理能量环模型是"药"

胜任力管理、人才测评、绩效考核这三个人才管理举措主要聚焦在高潜人才的识别方面。值得注意的是,这三个核心流程所积累的人才数据是人才管理的至宝。这些数据的应用广泛，覆盖众多人才管理场景及相关流程，如精准人才招募、继任计划、人才梯队建设等。通过设计、组合这些作用各异的人才管理举措，建立起一套行之有效的人力资本增值体系，就是我们要详细阐述的人才管理能量环模型。

管理者做人才管理的"危"与"机"

近年来，国内人才市场上涌现了大量组织发展（OD）岗位需求，这些被称为 OD 的岗位受到众多企业追捧，甚至开具百万年薪，算是人力资源领域的热门岗位。在国内，OD 岗位所承接的工作多是人才管理的一部分，而非组织相关的变革与发展。老板们寻求的 OD 人才实则是能做好识人用人的人才管理专家。

很多企业甚至在内部专门设立了组织发展部、人才管理中心这样的独立机构，例如华为的总干部部等。这些机构的产生也说明了企业在发展过程中，逐渐意识到人才管理的重要性，并且其在如今的市场经济环境下显得更加关键。

企业如此大费周章，都是为了做好人才管理，但是真正做到人才管理体系化的企业凤毛麟角。

我们可以从组织内部对人才的管理方式来判断企业是否真的建立了完善的人才管理体系。员工的选、用、育、留是以"法治"还是"人治"为主？是把人才当消耗品用尽了再招，还是把人才当潜力股长期培养？这些从一家企业管理人员外招与内选的比例也可见一斑。大家可以自测一下，如果现在让人力资源部的同事在十分钟内准备好一份区域事业部总经理的候选人清单，他能否轻松搞定？对于你最适合作为谁的继任者这件事，企业是否了然于胸？

目前来看，国内大多数企业针对人才管理的尝试都收效甚微，多是雷声大雨点小，甚至很多时候，一场轰轰烈烈的内部人才管理变革最后却沦为少数人的自娱自乐，不但没有为企业的战略目标达成提供助力，更被老板和业务部门诟病。

很多企业会寻求外部咨询顾问的帮助。诚然，咨询顾问的眼界是开阔的，但少有在企业内部深耕的经验，并且咨询公司做项目多是只开处方不卖药，更不对疗效负责。人才管理项目能否切实地在企业内部落地执行，还是要看后续接手的内部管理者的水平和能力。求人不如求己，即使有外部咨询顾问的支持，管理者自身也要成长为能把脉问诊的内部专家，这样不仅有能力把握咨询项目输出的质量，还可以保障后续的落地执行。

中国企业需要长期系统地对症下药

人才管理在人力资源领域绝非新的概念，并且已经被众多世界知名企业实践多年。但对很多中国企业和管理者而言，仍然很少有机会了解到完整的人才管理体系蓝图，更不要说体系化建设的具体实施办法。欧美企业非常注重核心技术的保密与保护，很多全球性质的人才管理举措都不会毫无保留地呈现给各地的人力资源团队。以美国企业为例，企业的美国总部会将具体步骤进行分解，只将一些涉及地方实操和信息收集的步骤传授给当地团队，完整的流程与背后的解析都只在总部进行，这也是出于员工数据安全的考量。所以负责亚太区绩效考核的人力资源专员其实只能看到被授权参与的步骤和工具，无法从企业层面掌握完整的绩效考核管理流程。类似胜任力建模、继任计划等内容更是鲜有各地的人参与其中。这也是本书独有的价值点之一，让各位一窥全球先进人才管理体系的真容。

改革开放四十余年是中国企业上下求索的学习成长期。现如今的中国企业已经形成了具有中国特色的管理文化，摸索出了一条属于自己的企业管理之路。这就需要我们认真思考中国企业独有的人才管理需求，只有对症下药，才能促进中国企业的发展。人才管理的本土化实践显得异常珍贵。

本书基于我在中美两国深耕多年的经验总结，力图把当下门类繁多的人才管理处方进行有理有据的归纳提炼，再结合大量的本土化实践加以验证，意在博众家之长，融中西之精华，最终淬炼成的核心内容便是人才管理能量环模型。

人才管理能量环模型的关键特性

人才管理能量环模型涵盖了针对员工选、用、育、留的全周期管理与支持。该模型运行的底层逻辑和管理关键词代表了它独有的特性。

人才管理能量环模型运行的底层逻辑

简而言之，人才管理能量环模型由内环和外环组成（见图 2-3），环环相扣，释放人才能量供给企业组织。其中，人才管理能量内环由胜任力管理、人才测评、绩效考核三项举措有机结合，负责识别人才，输出并积累高质量的人才数据。这些数据会供给人才管理能量外环的三大维度共九个应用场景，从而提高应用场景中人才管理举措的准确性和效率，最终在管理实践中达成令企业信服的业绩成果，比如人均效能的提升等。

人才管理能量环模型的管理关键词

管理关键词之"适岗"与"发展"：人才管理能量内环的两个管理关键词是"适岗"与"发展"，这也是企业识别人才时最看重的两个维度。

所谓适岗，就是员工能否胜任当前岗位，这项评价决定了人才与当前岗位的匹配程度，放错位置对组织与个人来说都是极大的遗憾。

发展是指员工未来是否有潜力承接更多或者更高的岗位职责。这项评价尤为重要，但在中国企业中缺位严重。这就导致很多一线业绩好手过早地晋升到并不合适的管理岗位上，最终折戟沉沙。

人才管理能量外环组成部分多是基于适岗和发展这两个方向而设计的加速器，并且这些加速器在实施的过程中，仍会不断反哺充实人才管理能量内环，形成一套类似心血管系统的人力资本良性循环。

管理关键词之"考评""培养""落位"：人才管理能量外环中的加速器都会围绕考评、培养、落位三个管理关键词来完善自身设计。这里的考评，如人才盘点、成熟度分析等，对培养项目而言能够起到保驾护航的作用。

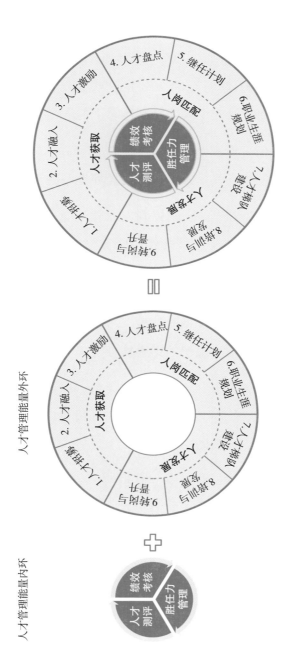

图 2-3　人才管理能量环模型的组成

　　培养绝不仅限于培训，事实上培训在一个人才发展项目中所占的比重应该符合 70-20-10 法则，即人才发展项目中培训仅占 10% 左右，其余是 20% 的"向他人学习"和 70% 的"实践经验"。我们会在第八章中详细介绍如何设计一个人才管理体系下的人才发展项目。

　　落位便是把对的人放到对的岗位上，无论晋升、转岗还是独立的外派项目，人岗匹配始终都是人才管理能量环模型的重要输出之一。

　　管理关键词之"诊断"：刚刚提到人才管理能量环模型的关键词多是针对人才个体的，这个模型的作用并非只是帮助企业了解人才、用好人才。如果我们把组织看成一个巨人，管理组织，其实就是给这个巨人检查身体，有些措施是在问诊治病，有些是在强身健体，如"人力资源分析与预测""人才梯队建设"等人才管理举措所产出的成果中，有很多都是针对整个组织的健康检查与未来预测。

　　其实管理组织与管理人才有异曲同工之妙。管理组织最为重要的关键词之一就是诊断，这是与人才管理能量环模型密切相关的一项技术，如我们熟悉的组织诊断图。

　　组织诊断的是什么呢？归根结底是组织中的人。举个例子，一个业务单元（分公司或区域公司）有且仅有一个管理层核心班子。核心班子成员中会有一个"一把手"。这个"一把手"如果是资源拓展型的领导，那么他下面负责开发、拓展的资源类部门负责人就可以配置一名辅助的人。但是如果这个"一把手"是常年负责工程设计的总经理，他的核心班子中资源类部门负责人又能力平平，这个组织的配置就不够均衡、不够强壮，这就势必会影响最终的业绩产出。这种情况就需要给企业提前预警，而这个诊断及预警的功能就是组织诊断图提供的。再比如呈现组织效能的"人力资源仪表盘"也是同样的作用。

诊断之后，就涉及对症下药了。治疗组织的药无外乎两种："流程改进"一类的温养之药，或者"组织变革"这样的烈性药，这两项才是组织发展领域的核心内容。

虽然有能力对自身组织进行定期体检的企业占少数，但毫无疑问，所有企业都有这方面的诉求。国内很多企业都是通过人才盘点来绘制组织诊断图的，掌握了人才管理能量环模型之后，这些诉求就能够更系统、更准确地被满足。

第二节　人才管理能量环模型的结构：内环与外环

B公司是一家存在了130年的跨国公司。从飞机发动机、发电设备到金融服务，从医疗造影、电视节目到塑料，B公司致力于通过多项技术和服务为用户创造更美好的生活。它也在公司多元化发展当中逐步成长为出色的跨国公司，业务遍及100多个国家，拥有员工超过30万人。资产雄厚，规模庞大。

B公司另一个为外界所称道的便是其聚焦人才的管理理念与先进的管理实践。它曾拥有世界上最知名的CEO，且大多数高层管理者都是内部成长起来的。就像下面这个例子。

公司总部试图找到适合承接总部人力资源业务合作伙伴

（HRBP）工作的总监级候选人。B 公司上下数十万人，按照职能划分也要以万计。B 公司要如何在不兴师动众、劳神费力的前提下，找到一名合适的岗位候选人呢？

事实上，这对 B 公司而言并非难事。在短短的一个月里，B 公司就找到了符合要求的岗位候选人。墨西哥人奥特洛幸运地通过了公司内部的选拔流程，最终获得了这份殊荣。很多人都好奇奥特洛是如何获得这个机会的。

这真的只是靠运气吗？HR 知道并不是。

B 公司内部对核心岗位非常关注，人力资源副总裁每个季度都会通过会议向 CEO 及其团队汇报公司人才梯队的健康状况及核心岗位人才的胜任情况。上述案例中提到的这个服务总部的 HRBP 总监也在核心岗位之列。报告显示现任 HRBP 总监在未来两年内有退休的可能性（美国没有指定的退休年龄），该员工也表达了想先退居二线转做非全职顾问的意愿。于是人力资源部门启动了针对该岗位的继任计划。

该岗位的继任计划进行得非常高效顺畅，因为 B 公司完善的人才管理体系已实施多年，平时日积月累，已经沉淀下来了底蕴深厚的人才数据库。

首先，在人才数据库中筛选该岗位的"继任者准备度"，很快就得到了现有的该岗位候选人信息表单。因为需要继任者在半年内上岗，所以 B 公司只会搜寻"随时上岗"和"1~2 年上岗"的岗位候选人。这样就得到了一份短名单。

其次，针对 CEO 及其团队对该岗位的胜任要求进行二次筛选。如继任者的过往工作经验必须包含海外项目，再比如继任者要做过工厂人力资源负责人，对工厂的管理非常熟悉等。对这些要求再次复盘之后，名单上的候选人将所剩无几。事实上，当时符合全部要求的只有奥特洛一人，于是高管们又对胜任要求做了些调整，得到了一份有三人的最终名单。

最后，与该岗位利益相关的高管们先在闭门盘点会上讨论，而后会正式启动公司内部的选拔流程。最终，B 公司确定奥特洛作为 HRBP 总监的继任者。

很多人羡慕奥特洛，是因为他正值当打之年就有幸承接了这么重要的岗位。根据北美人才市场数据，这个岗位上的人大多数都要年长他十岁。从人才管理的角度来看，奥特洛的"幸运之处"实际上源自他对自己职业的精心规划。举个例子，B 公司已经是国际上支持人才发展的优秀典型，内部员工大多数采用"之"字形发展轨迹学习成长，公司内部非常推崇换岗，但是一个岗位至少要做满三年。想要满足做过海外项目和做过工厂人力资源负责人这两个条件，很多人就要花费六七年。更何况海外派遣的机会十分珍贵，竞争极其激烈。但是对奥特洛来说，他在职业生涯初期就已经满足了这两个条件。他曾在墨西哥的一家工厂担任人力资源负责人，而后才调到美国总部。这一石二鸟的精妙之处是他努力来的"幸运"。

如果说，A 公司的人才管理体系案例为我们从人才的角度描绘出人才管理能量环模型的一隅，那么 B 公司的继任计划案例就是从企业的角度展现该模型如何在实践中发挥显著的作用。无论是对员工还是对企业而言，拥有完善的人才管理体系都意味着双赢：员工得到成长，企业得到发展，互惠互利。

接下来，我们借助这两个案例来为大家呈现出人才管理能量环模型的全貌。

人才管理能量内环：三个核心

我们通过前文知道，在 A 公司里围绕着每一位员工的三个重要人才管理流程分别是胜任力管理、人才测评、绩效考核（见图 2-4）。除了绩效考核之外，其他两项都是近些年在国内人力资源领域兴起的热门议题。这里就先从实践应用的角度，简要地介绍下这三个堪称人才管理能量内环三角核心的人才管理举措。

胜任力管理的关键产出与实践应用

首先，胜任力管理这个流程会产出两项成果：一个是胜任力测评结果，我们暂且将其理解为上级对下级基于岗位胜任情况的评定；另一个是胜任力差距报告。其中，胜任力测评结果的实际应用体现在三个方面。

第一，对员工而言，胜任力测评结果能够帮助他们对自己的工作能力水平有一个基于胜任力模型的清晰反馈，这会有助于员工的个人提升。

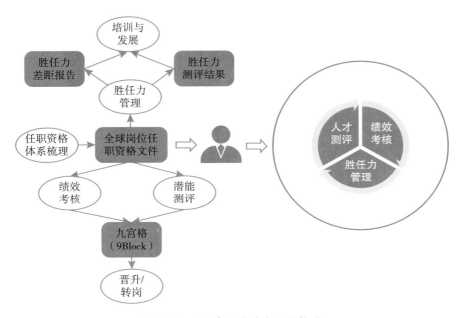

图 2-4 人才管理能量内环的推演

第二，对管理者而言，胜任力测评结果能够帮助管理者对自己的团队能力有个认识和掌握。管理者更能够通过与每位员工深入交流对胜任力测评结果的看法，增进彼此之间的沟通。而且，绩效沟通通常是令管理者头疼的一项任务，现在有了胜任力测评结果沟通，做好了前期铺垫，半年度和年度绩效沟通就事半功倍了。

第三，对组织而言，日积月累的员工胜任力数据是非常重要的人才管理核心数据，称其为基石一般的存在也不为过。这一点会在后面深入展开。

我们再来看看这个"胜任力差距报告"是干什么的。A 公司的胜任力管理有专门的系统支持，而这个胜任力差距报告就是其中一个非常值得了解的数据分析工具。举个例子，亨利是新入职的人力资源专员。他想知道自己距离一个优秀的人力资源专员还有哪些不足，这个报告可以基于亨利本人的数据与优秀的人力资源专员的平均数据进行对比，形成数据分析，进而回答亨利的疑问。

或者，亨利非常想知道自己如何能够在未来五年内努力成为一名人力资源经理。这个报告也会基于两个岗位的胜任力模型以及个体数据的分析，告诉亨利距离这个目标岗位还有哪些胜任力素质有待提高、哪些是缺失的。这些信息相当于为每一位员工提供了定制化的能力分析与培养计划。员工之后可以选择对应的培训资源学习，也可以争取进入轮岗项目、申请工厂一线岗位等，甚至可以争取海外派遣的机会来补全能力上的差距，提升自我，从而达成职业生涯方面的目标。这项技术服务在国内还未被熟知，我们可以预见，在不久的将来，它最终会变成企业人力资源系统的标配。

绩效考核的关键产出与实践应用

绩效考核是通过科学的考核方式，对员工的工作行为及取得的阶段性工作业绩进行评估，并运用评估的结果对员工将来的工作行为及业绩产生正面引导的过程。这可能是人才管理能量内环中唯一一项被管理者广泛了解的举措。

企业似乎都非常了解绩效考核，实则不然。试问在你的企业中，有多少管理者能够定期给每一位下属进行一对一的绩效沟通？如果让你给你的上司组织的绩效沟通会从 0 到 5 打分，0 分表示非常不满意，

5分表示非常满意，你会打几分？无论在本土企业还是世界500强企业，我们总能听到一些团队的管理者这样讲："今年我让小王晋升了，那年底就得给小李绩效A，否则不平衡……"改革开放之后，中国企业学习世界优秀管理实践40余年，但这种基础性的认知错误依然存在。绩效考核是一个被广泛应用多年的陌生流程，很多管理者需要利用好它，却对其知之甚少。

绩效考核最直接的产出就是绩效考评分数，这也是最显性的个人业绩体现。通常这个数据是企业内部员工晋升和加薪的主要依据。事实上绩效考评结果不应只聚焦在分数本身，考评的内容更为重要，如符合SMART原则⊖的目标设定，满足STAR法则⊖要求的个人及上司评价，这些数据会在人才盘点等人才管理流程中发挥作用。

人才测评的关键产出与实践应用

人才测评是通过心理测验、情景模拟等心理学方法对人的能力、水平、性格特征等因素进行测量，从而推断个人的发展潜力，以及与相关岗位的适配程度等。应用人才测评的中国企业越来越多，近年来，很多企业都开始进行这方面的尝试。这些企业习惯性地将这类测评工具称为领导力测评、性格测试等。

一位知名测评公司的大中华区负责人就深有感触："这两年企业越来越不好做，人才又越来越贵，这就更加刺激企业想要通过一些

⊖　SMART原则是指具体的（Specific）、可以衡量的（Measurable）、可以达到的（Attainable）、与其他目标有相关性（Relevant）、有明确的截止期限（Time-based）。

⊖　STAR法则指情境（Situation）、任务（Task）、行动（Action）和结果（Result）。

手段来确保选的人是那个'对的人'，现在人才测评工具非常畅销。"
人才测评之所以受到企业，尤其是一些民营企业的欢迎，一是因为人
才测评报告通常以数据分析的形式体现，相对直观简洁；二是相较于
昂贵的人才盘点等咨询项目，按人数或报告数收费的人才测评工具可
谓物美价廉，有很强的吸引力。但是这里有一点需要重点强调：无论
是老板还是管理者，都切不可对人才测评报告有错误的预期。人才测
评报告只可以作为人才数据库中的辅助材料，或者当作人才传记式资
料的补充材料，绝不能单单依据一份人才测评报告来定夺人才的发展
甚至去留。人才测评测试的不是能力，而是在未来应对不同状况时被
测评人自认为会采取的态度及行动。

　　很多应用了绩效考核与人才测评的企业会将这两个流程的输出数
据结合起来，形成一个体现人才绩效和潜力的关键数据分析报告——
九宫格，这是很多咨询公司的宠儿。在九宫格中，譬如用 A、B、C
代表潜力的高低，1、2、3 代表绩效的高低，那么 A1 代表的是高潜力、
高绩效的员工，是企业需要重点关注的高潜人才。而企业之中大部分
员工应该落在 B2 这个位置上。理论上，在企业本身没有特殊问题的
前提下，全体员工在九宫格的落位情况应基本符合正态分布规律。九
宫格的实际应用对员工而言极为重要。胜任力模型在前，九宫格在
后，二者是员工晋升、盘点会、继任计划等重要人才管理场景中的核
心数据。

　　图 2-4 中左侧的各个流程都是围绕着每一位员工全面展开的，而
其中最重要的三个流程（胜任力管理、人才测评、绩效考核）形成了
人才管理能量环模型的内环，三者在组织中不停地运行，并产出海量

的珍贵数据。这些数据通常会借由其他重要的人才管理举措如人才盘点等进行整合分析，最终形成企业的人才数据库。

人才管理能量内环的运行与沉淀：人才数据库

人才数据库也需分层分类管理

人才数据库囊括了人才的各种信息，基础的如姓名、年龄、教育背景以及工作履历等，深入的如历年的九宫格以及人才盘点评价等。因为人才数据的类型不同、获取途径不同，数据采集的难度也是千差万别。梯队中不同层级的人才数据库受到的组织关注程度不同，匹配的资源也不一样，其人才数据的深度和广度也会大不相同。

绝大多数企业都会聚焦高层管理者和内部高潜人才，优先配置资源。例如，针对高潜人才的传记式资料对人才的评价准确性较高，通常需要通过行为事件访谈法（Behavioral Event Interview，BEI）获取数据，这也就意味着企业需要投入大量的时间和人力在此类数据的获取上。考虑到资源的有限性，传记式资料是很难覆盖组织全员的，企业需要考虑投入产出比。事实上，多数企业只要求人力资源部为中高层管理者或业务单元的领导班子准备传记式资料，这些拥有如此"殊荣"的人在企业中通常被称为"骨干""干部""关键人"或"高潜人才"。

人才数据库的实践应用在我国仍处于萌芽阶段，未来可期

人才数据库通常会由人力资源信息系统存储并提供支持，它的出

现可以称得上是人力资源领域发展进程中的里程碑。虽然拥有人才数据库的企业越来越多，但是与总数相比仍旧是九牛一毛。在我国，还有很多企业在用 Excel 收集员工基础信息；很多企业没有员工 ID，以至于无法用 vlookup 公式检索表单中的数据。各层级的企业管理者都需要清晰地认识到人力资源数据的价值，以及它对企业能产生怎样的帮助，例如可量化的成本节约或者"选对人"带来的潜在效益。

大数据时代，科技创新正在追求通过计算机技术来处理海量数据，从而助力组织和个人做出正确的决策。企业内部员工的数据是可以穷尽的，我们不用像对待大数据一样担心样本容量太小带来的误差，企业可以直接获取全部员工的数据。这是一个极具价值且非常有趣的课题。况且数字化人才管理也已经飞驰在新的赛道上，中国企业明显已经抢先了一步，值得我们骄傲。

人才管理能量内环的三角核心不断运转，输出的海量数据充盈企业的人才数据库，并为人才管理能量外环的三大维度共九个应用场景提供源源不断的人才信息。

人才管理能量外环：三大维度共九个应用场景

人才管理能量内环的三个核心流程作为识人用人的根基，也是该模型的三角核心。经过人才盘点等流程的加工处理，这些数据对于人才的全周期管理都有着巨大的支撑作用。进一步讲，人才管理能量内环的运作会为人才获取、人岗匹配以及人才发展三大应用维度提供科学严谨的底层逻辑支持，就像树根为树干供给养分。由此，内环与外环的支持与反哺就构成了人才管理能量环模型的完整框架结构（见图 2-5）。

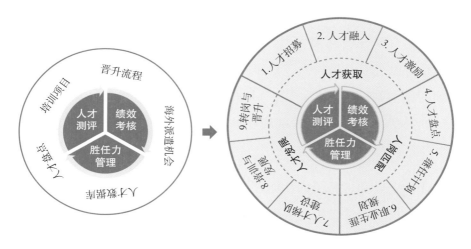

图 2-5　人才管理能量环模型：内环与外环的协作机制

人才获取

如何从人才获取的层面甄别优秀的企业？

优秀的企业将每一个组织内部的空缺岗位都视为一次难得的人才升级机会。因为它们非常清楚一个好的技术人才能带来怎样的革新，一个好的管理人才能创造怎样的效益。找到对的人，就是降本和创收。

想要真正地获得一个对的人才，首先要具备精准招聘的能力。如何拿到准确的岗位说明和清晰的人才画像？如何找到具备相应能力的候选人并吸纳？如何通过一场面试判断人才的知识、技能、经验甚至价值观念和潜力？这些都需要强大的技术支持与前期努力。

但是招到人,也只是人才获取的第一步。

人才招到了不等于找到了,这是一个双向选择的过程。在两三个月的入职蜜月期之后,要想让企业认可的人才也认可企业,这时管理者和人力资源部门必须发力。人才融入计划已经被众多企业所熟知,但不是每家企业都做得出"百年阿里"这样的人才融入计划。企业要做到的是"知己知彼","己"是企业对自身情况及企业需求的清晰认识,"彼"就是对人才的准确评价了。

从人才到岗的第一天起,他的头上就有一个隐形的评分,这个评分是评价企业和管理层的,而且直接关乎员工本人的价值输出。即使是自驱力极强的员工也需要清晰的游戏规则以及恰如其分的激励,才能保障高绩效的可持续性。

人岗匹配

人岗匹配可能是所有管理者最关心也最头痛的议题。企业希望每个岗位的人选都是最合适的,他们理应在本岗位创造优异的业绩,这需要有效的继任计划来保障。员工最关心的是自己怎么才能获得心仪的岗位并且胜任,这需要职业生涯规划来支持。事实上,人才梯队的两端就是继任计划和职业生涯规划,而在这两端之间,识别人才、发展人才的各项人才管理举措就隐藏在人才管理能量环模型之中。

对于人岗匹配,人才管理能量内环的作用非常关键。当然,目前很多企业并不具备条件实施完整的三个核心流程来对人才进行评价。中国企业大多数喜欢"一揽子"的解决方案,这就是为什么人才盘点颇受中国企业的欢迎。尤其是那些绩效考核管理还没做到实处的企业，更希望通过人才盘点来得到准确有效的人才评价，确保企业高层管理者人岗匹配。这也是有一定道理的，人才盘点中常用到的行为事件访谈法的效度最高可以达到 0.61，仅次于昂贵的评价中心，已经是性价比非常高的识人技术了。

人才发展

作为职场人，我们都是一边提升自己，一边接受考评，过五关，斩六将，逐渐成长起来的。在这个过程中，我们主要还是要依靠自己的努力来获得成长。但是研究表明，当员工在人才梯队里进入更高层的人才池时，通常面临三项关键的领导转型，而这个时候，如果组织能够提供外力辅助和机制保障，管理者成功转型并胜任新岗位的概率将会大幅度提升。这正是组织与个人都希望看到的结果。

试想一下，你所在的企业之中有多少管理者是通过个人摸索成长起来的？又有多少高潜人才刚获得晋升不久后便遗憾地离职退场？

在企业内部，晋升肯定是员工十分期盼的事情，但任何一次晋升都伴随着极大的风险。就像是你穿四十码的鞋跑了第一，优胜的奖励是一双崭新的四十二码跑鞋。你需要不停歇地奔跑，并在跌倒前让自己的脚快速成长到和新鞋相匹配。在这个过程中稍有闪失，就意味着前功尽弃。这就是彼得效应，即企业内每一个员工都趋向于晋升到他所不能胜任的岗位。员工在成长的过程中，都会经历三个维度的角色转型，而人才发展方面的技术举措能够帮助员工更顺利地完成转型，降低转型失败的概率。

企业的人力资本运营起来非常复杂，但是可以通过建立适合企业文化的人才梯队，更有效地盘活资源，快速响应业务需求。人才梯队就像一套水泵系统一样，不停地将有潜力的人才从下一级人才池提升到上一级人才池中，周而复始。

人才管理能量外环的三大维度共九个应用场景，本书后半部分会逐一详细展开。通过了解人才管理能量环模型的运作机理与应用实践，企业管理者能够对运营人力资本所带来的价值提升有一个更为直观的认识。同时希望读者可以从中挖掘到能够在所属企业直接应用的方法与技术，在满足企业业务需求的同时，也助力自己的职业生涯发展。

另外针对国内企业，本书会着重讲解在东方文化和我国独有的市场环境背景下，如何融入中国管理智慧来落地实施人才管理能量环模型。很多西方的先进管理技术如果不做本土化处理，是没办法落地的。人才管理能量环模型的优势正是其知识体系的先进性与本土化的实用性。

第三节　影响人才管理能量环模型的环境因素

管理首先是一门科学。人才管理的知识与技术是建立在社会学、心理学、经济学等学科理论基础之上的，通过科学的研究方法探索、总结，并最终建立起系统化的理论体系。管理也是一门艺术。即使某一项人才管理技术有科学理论作为基础，有统计数据佐证，还有一套科学严谨的操作方法，譬如人才盘点，我们仍无法在不同环境、不同企业之中照搬。

外资世界 500 强企业 A 公司拥有国际先进的人才管理体系，我们在本章第一节的案例中有所提及。A 公司每一年都会组织高潜人才的盘点工作。这项盘点工作高度保密，且无须与任何相关员工进行直接沟通，就可以通过人才数据库里的信息完成。盘点的结果多应用于继任计划、晋升、人力资源规划等。

而在中国企业 C 公司，每年度的人才盘点都是一场血雨腥风。

在一场最高级别的保密会议上，只有 C 公司老板、人力资源副总裁、组织发展负责人在场，他们要做的事情只有一件，就是合议出每一个业务单元的管理者的最终评价，事关去留。

这场会议结束之后，会上的任何讨论内容与盘点结果都会做到完全保密，这在中国企业是很难的。接下来便是组织发展负责人毫无征兆地来到某业务单元，宣读完人事任免之后，涉及的管理者就会在人力资源同事的协助下完成岗位变动或离职流程。

同样是人才盘点，同样是为了判断人才的适岗与发展，两家企业的差异之大，体现在方方面面的各个细节之中，其个中缘由非常值得我们深入研究。

橘生淮南则为橘，生于淮北则为枳。身处不同的文化背景，面对千差万别的管理对象，我们不得不因时因地制宜，创造性地运用管理技术来解决企业的实际问题。

即使不像东西方文化的差异那样显著，也有很多因素需要在实施人才管理举措之前被充分考虑。因为环境不同，人才管理能量环模型落地实施的策略方法也就需要进行本土化、定制化处理。甚至有少数情况，我们也需要考虑该企业是否拥有人才管理体系落地的土壤。

人才市场环境

市场环境作为最广泛的影响因素，作用于所有类型的组织。市场环境不同，就像水质不同，会直接影响到这片水域里究竟适合什么样的鱼类生存。所有市场都拥有两种强大的牵引力：需求与供给。人才市场亦是如此。

国际人才市场

在一百多年前的西方世界，资本家肆无忌惮地压榨员工，剥削他们的剩余价值。这不道德，但是当时的市场环境就是如此。感兴趣的读者可以去了解一下八小时工作制的由来，工人阶级通过罢工的方式停止供给劳动力，最终迫使企业不得不妥协，给予员工一些基础权益。时至今日，社会经济环境已经发生了根本性的变化，企业不强调"以人为本"都很难找到满意的人才。

近些年，企业为了应对复杂多变的市场环境和新冠疫情带来的影响，频繁地裁员和招人。员工的心态变得疲惫，对企业的信任度更是不断下降，再加上居家办公形式的出现，人们对于工作的态度起了变化。

西方国家频频出现蓝领用工荒，导致工厂断线停产。失业率居高不下，但企业惊讶地发现招人变得更难了。尤其是技术工人们，他们在居家一段时间后发现，原来的工资没那么有吸引力了，有时候牺牲一点钱来换取更多可支配的时间感觉挺好。现在越来越多的员工宁可在家领政府补贴，也不愿接受原来的工作。这可能和国内的看法有些相悖，毕竟在国内，网络上有很多焦虑和"内卷"的信息，一天不工作就会莫名惭愧自责。这种市场环境的不同也严重影响着人才管理的方向与侧重。

还有一个值得关注的市场现状是新兴产业的出现。互联网、AI、新能源等新兴领域在全球快速发展，这些行业最重要的人才需求就是技术人才，奈何供给不足，很多特殊技术人才极其稀缺。事实上，在科技创新的时代，就连汽车、家电等老牌产业都被电动汽车和智能制造所颠覆，哪里都缺少一技傍身的人。如果说人才市场中企业的身份是买方，那么国际人才市场正在一点一点地变成一个卖方市场。

国内人才市场

对比国际人才市场，国内人才市场现阶段的状况就比较复杂了。一方面，企业以人为本的价值观念早已深入人心。这种管理理念随着改革开放的春风早已经根植祖国大地。几乎所有中国企业都会强调重视人才，尊重人才。另一方面，中国人口数量众多，再加上东方文化推崇"勤勉与刻苦"，因此更容易催生出激烈的竞争。

对很多本土企业来说，内部大开大合、人来人往是常态。这就滋生了很多企业"心口不一""两张皮"的现状，这些企业一边说要以人为本，另一边要求员工"卷"起来。甚至有些本土企业不相信会有员工制衡企业的一天，认为给钱就一定有人干活。这也是为什么很多人才管理举措在国内都是以老板的诉求为首要目标来执行的。我曾经做过一个非常本土化的人才梯队，搭建这个人才梯队的根本原因就是老板对几个"一把手"岗位的人才储备提出了高要求。

中国确实人很多，但是这不等于人才遍地都是。如果我们仔细观察国内近十年的劳动力市场变化，就会发现有两点值得关注。

第一，就业市场呈现两个极端。大批初出茅庐的小白难以找到工作，而拥有一技之长的技术专家却千金难求。即使是看统计局的数据，我们也能清楚地认识到现在的应届毕业生找工作有多难。事实上，大多数人不会了解到企业为了找到一个经验丰富的电机质量检测工程师究竟有多不容易，更不要说各领域优秀的高管级人才了。这个需求与供给的不平衡怎么打破？如果能够将入司的小白培养成有技术、有经验且拥戴企业文化的专业人才，成本的节约是肉眼可见的，人力资本增值也是非常客观的，重点是如何快速有效地做到这一点。

第二，"躺平"文化正在潜移默化地改变国内人才市场。跳一跳能触碰到的目标是目标，挂在云端的不叫目标，叫天方夜谭。所以"躺平"的人越来越多，可能是"卷"不动了，也可能是看清了游戏规则、回归自我。随着"90后""00后"走出校园进入职场，他们更希望活出不一样的自己，而我们这些过来人的使命之一就是为他们打造一种多元包容的职场氛围。

在不久的将来，国内很多企业要面临的情况有可能是吸引不到新生力量，也抢不来高端人才。国内人才市场的未来趋势最终会同国际市场接轨并趋于一致，这对人才来说是好事情，对国内企业来说则是一个不得不面对的挑战。优秀人才的获取会变得更难，企业需要提早准备，加大对人才的吸引和保留的投入，很多人才管理的举措是需要时间去逐步落地的。

企业文化

企业无法掌控市场环境的变化，但是可以预测和提前准备。企业内部的环境因素更为重要，毕竟人是环境动物，员工的大部分时间都是在企业中度过的。企业内部也分大环境与小环境，大环境由企业文化主导，渗入每一项日常工作、每一场人际沟通，甚至员工的心理都会受到企业文化的影响。

就中国企业的心路历程来说，经历了欧美企业、日韩企业管理风暴的多次冲击，我们用 40 余年走完了西方管理界历经百年才摸索出来的道路，建立了有中国特色的企业文化。今天的中国企业是拥有自信心的。人才管理能量环模型的应用就需要思考一个非常关键的问题：如何在保持与企业文化一致的前提下，进行本土化改造？

企业文化不同，人才管理本土化的策略也不同。就算是同样偏好军事化管理风格的两家企业的人才管理理念也会不同。万达地产倾向于把精力放在选出对的人，所以内部很多资源都投入到了人才的评价与招募流程里。而作为国人骄傲的华为则期待出现更多的内生型人才，任正非曾说过：人才不是华为的核心竞争力，对人才进行管理和激励，才是企业的核心竞争力。这也是为什么华为会倾注那么多心血来打造华为人才发展中心。

对制造业、能源业等劳动密集型产业而言，人才管理能量环模型非常有潜力成为企业内部主导的人才管理体系，关键是要契合企业文化，切实落地执行。人才管理能量环模型与互联网等新兴领域的企业文化相关性较好，当然也需要配合具体的企业做定制化改良。作为管理者，我们要理解企业文化是环境，人才管理体系需要去适应它，拥抱它，并借助企业文化的力量来驱动体系建设。

团队氛围与领导力

企业文化决定了大环境，而团队氛围就是管理者主导的小环境。小小的团队氛围也会影响人才管理能量环模型的实施吗？管理者在这里就具备了双重角色。一方面，他们是人才管理能量环模型中重点关注培养的人才；另一方面，企业也期望他们能够尽职尽责地完成人才管理过程中"伯乐"与"领队"的角色。这是个相辅相成的过程。

当一个企业没有相对完善的人才管理体系，选、用、育、留均停留在"拍脑袋"决策的人治阶段时，企业内部就会出现很多被拔苗助长的管理者。他们大多数是因个人业绩突出一路晋升上来的，但是实际上这些管理者在每一次晋升之后都没有完成所需的领导力转型。在有些企业内部，主管在干专员的工作，经理在干专员的工作，总监还是在干专员的工作，然后这些管理者还批评专员的工作。这是典型的领导力缺失，严重浪费企业资源。从这种氛围的团队中，是否还能推选出有潜力的员工呢？

团队氛围也是人才管理生态环境的一部分，需要谨慎关注。一家企业里面，除了创始人换不掉，其余没有不可替代的人。我们需要选拔契合企业文化的管理者，更要帮助管理者德才配位。管理者自身成长起来，能够胜任管理岗位，这将是对企业应用人才管理能量环模型最大的帮助。管理者的成长又需要人才管理能量环模型的辅助支持，这是个典型的互惠互利的过程。

全球化与数字化，新时代的影响因素层出不穷

除了市场环境、企业文化以及团队氛围这些影响因素，人才管理能量环模型还会受到其他因素的影响。譬如，一旦企业发展到需要实施全球化战略，它对人才的需求就会发生重大的变化，企业所面临的人才管理场景也会变得更加复杂且丰富。

数字化时代的到来对人才管理既是加持，又是挑战。如何借助先进的数字化技术来升级人才管理能量环模型？如何让模型更适应VUCA时代存在的诸多不确定性，一如既往地帮助企业运营好人力资本？这是我们需要思考并解决的问题。有风险，也有机会。

很少有人能预测未来，我们大多数人更需要关注自己所在的企业，帮助乘坐的这艘船渡过风浪，就是在帮自己持续远航。中国进入存量时代，企业之间的竞争只会愈演愈烈，当然也包括人才的竞争。企业人力资本运营能力的强弱会决定它未来五年内的生死存亡。现在开始，花些时间学习掌握人才管理能量环模型，充实自己的弹药库，一定是件有价值且为自身增值的事。

PART 2

第二篇

如何识人：

人才管理能量内环的三角核心

第三章

胜任力管理：提供人才核心数据

第一节　胜任力的起源

20 世纪 70 年代初，美国政府遇到了一个选人的难题。

美国政府内部有一个名为 FSIO（Foreign Service Information Officers）的项目，这个项目会招募符合美国政府要求的优秀驻外联络官，并将这些联络官派遣到世界各地去。这些驻外联络官的使命是借助图书馆管理、外交文化活动，以及与当地人民演讲对话等手段，来宣扬美国的对外政策，使得更多的人理解和喜欢美国。

要成为驻外联络官，必须通过十分苛刻的考试。该考试重点考核的维度分别是：智商；学历、文凭和成绩；一般人文常识与相关的文化背景知识，包括美国历史、西方文化、英语以及政治、经济等专业知识……然而事实证明，经过严格挑选出来的驻外联络官中有许多人都不能胜任这份工作。这让美国政府犯了难。为什么就选不出真正适岗的人才呢？

经过调查，美国政府将目光投向了戴维·麦克利兰（David

McClelland）的管理咨询公司，它想要从这位著名的社会心理学家处寻得帮助。事实证明美国政府这次选对了。

麦克利兰是如何解决这个选人难题的呢？

戴维·麦克利兰是美国一位著名的社会心理学家，他曾在1987年获得了美国心理学会杰出科学贡献奖。麦克利兰也曾任职于哈佛大学、波士顿大学等名校。他的学术造诣非凡，其中最为著名的成就之一就是他对社会动机的研究与发现，成就动机理论及其测量方法便是出自麦克利兰之手。他也是本章内容的灵魂人物。

在驻外联络官选拔这个项目中，麦克利兰具体是怎么做的呢？首先，麦克利兰先找出表现最为优秀的驻外联络官和表现平平的驻外联络官，分成杰出者和适用者两个小组；其次，借助行为事件访谈法分别与被访谈人进行一对一的沟通并详细记录沟通内容，这也是麦克利兰首次使用行为事件访谈法来探寻岗位的评判标准；最后，通过对访谈内容的解码，总结出杰出者和适用者在行为和思维方式上的差异。

实践证明，这种方法非常有效。一般而言，杰出者所表现出来的特质在适用者身上是找不到的，这恰恰是麦克利兰的研究小组所找寻的内容。这种差异的部分被称为可"编码"的信息，将这类信息按照一定的规则分类并划分层级就是编码的过程。麦克利兰就是这样不断地积累数据，最终得到了优秀驻外联络官应具备的能力，这也是胜任力模型（Competency Model）的雏形。

胜任力的由来

胜任力的概念最早就是由麦克利兰教授在 1973 年发布的一篇名为 "Testing for competence rather than for intelligence" 的论文中首次提出的。这篇文章指出考试成绩、智商测试等都无法有效地预测一个人在未来工作与生活中的表现，然而通过对胜任力进行测试可以更为有效地预测一个人的未来行为。

在那个智商测验仍被广泛应用于各大高校、企业的年代，麦克利兰犀利地指出这些智商测试之所以为企业所青睐，主要是因为企业把智商测试当成了学校里考试的延续，毕竟也没有其他更科学直观的手段去评判员工是否"合格"。而事实上无论是智商测试还是专业知识考试、在校学习成绩等传统评价手段，都极可能因为被测评人个人的成长经历、家庭情况等因素造成测试偏差，其结果就是大量的非裔美国人及一些其他少数族裔被排除在外。事实上，之前在 FISO 项目的办公室里，就是清一色的白人男性。

麦克利兰的研究还证实了智商测验、情商测验、知识技能考试成绩等在判断人才能否胜任岗位这个问题上的有效性是不值得信任的。"如果你想测试出谁会是一位好警察，你就需要走出去看看警察到底都做什么。跟着他，并记录下他为解决问题所做的动作。"评价能否胜任岗位的结论不会出现在考场里，只会在实操的场景之中。麦克利兰也的确用标准抽样的方式获得了大量数据来佐证他的观点。正是这些研究分析促使麦克利兰找到了更为有效的方法来衡量"人才的能力"。这也正是美国政府求助于麦克利兰的原因。

在麦克利兰发表有关胜任力的论文的同年，他还提出了著名的冰山模型理论。胜任力正是聚焦于冰山潜藏在水平面以下部分所代表的相对稳定且持久的个体特征。我们仅需要关注那些与岗位高绩效显著相关的个体特征，这些个体特征可以是人的动机、思考以及行为表现等。这些内容的体现形式就是岗位的胜任力模型。

胜任力是当今企业首选的人才评价标准

如今，智商测验不再被企业广泛使用了，而胜任力模型的普及程度却达到了空前的高度。在全球前百强企业中，有 70% 的企业都在应用胜任力模型。这些企业会将胜任力模型作为人才评价的标准，应用到各种各样的人才管理项目中去。胜任力模型是对人才选、用、育、留经验数据的分析与提炼，试图挖掘出人才的真实能力。一位医生最重要的能力是诊断，其次才是用药。胜任力模型的应用可以提高企业对人才的评价准确度，从而促进人力资源其他领域管理水平的提升。

最早的胜任力模型来自开篇提到的美国驻外联络官选拔的案例。在该案例中，麦克利兰首次使用了这种把胜任力作为测试对象的研究方法。这项创新不但为心理学界增添了新视角，而且为企业提供了科学有效的人才评价依据。这种研究方法主要的特点如下。

首先，通过对比分析杰出者和适用者两个小组的行为数据，找出与业绩相关度高的行为特征作为标准，反复验证，最终总结出影响业绩的关键行为。相较于其他测试方法，这种方法不会产生种族、性别、年龄等方面的歧视，这在当下这个时代显得更加重要了。这种研究思路不但可以应用于科学研究，对于企业管理也非常受用，可以在人才选拔、职业生涯规划、人才发展等场景中广泛应用。

其次，我们要寻找和解码的胜任力相关数据信息一定满足两点：第一，与工作业绩的达成有着因果关系；第二，是可以被测量的行为。

第一点是显而易见的，我们不需要描述一个人所有的特质，只需要关注那些与工作业绩显著相关的内容。第二点，各位需注意这里提到的两个关键词"可以被测量"与"行为"，这也是行为事件访谈中有效内容的两个评判标准，非常重要。"行为"意味着具体可实施的动作，譬如思考算不算行为？如果只想不做，就不能算，思考后产生了后续动作才能算作行为。"可以被测量"如何理解呢？本书后面会有详细的操作步骤，在此，我们可以先简单地这样去理解：能够被照相机拍下来的动作场景就可以被称为"可以被测量"。

最后，特殊的行为事件访谈法为我们更好地挖掘出冰山的深层信息，为编码胜任力做好准备。之所以不能通过书面考试或者性向测试等方式来收集并解读胜任力的信息，是因为这些提前设计好的问卷会极大地限制住被测评人所能表达的空间与深度。与结构化的沟通不同，这个有关胜任力的对话是发生在一个开放的情境之中的。它更像是新闻工作者进行人物专访，寻求的是被访谈人的"故事"。在这样的沟通场景下，被访谈人聚焦自身行为进行阐述，访谈人收集好信息之后会对信息进行解码，再参考胜任力辞典、胜任力数据库等工具进行信息编码，最终得到的就是和能否胜任岗位息息相关的胜任力模型。

胜任力的应用绝不仅限于企业。作为管理者，我们关注的角度自然是胜任力与工作业绩的关系。试想一下，每个人在社会上都需要承接不同的岗位，扮演好每个角色，每个人都在思考如何能够让自己做得更好。我们口中的"做得更好"实际上就是指如何胜任这些社会赋予我们的"岗位"。譬如，如何做一个好丈夫？一个好丈夫需要理解他的妻子，同理心就至关重要，否则就可能会出现段子里讲的"她来找我，一定是想从我这学点什么"的致命错觉，导致"万劫不复"的结果。这个"岗位"不胜任的结果是他绝对承受不起的。再比如，父母在教育孩子的时候，想的经常是"孩子怎样才能改掉毛病？怎样提高学习成绩？"，很少会认真地思考"我怎样才能胜任教育者这个角色？怎样才能胜任父亲或母亲这个'岗位'？"。

了解了胜任力、冰山模型等理论，就能够更加了解自己、理解别人，也就更有可能做好自己的角色。无论是在职场还是日常生活中，如果套用胜任力管理的方法去思考怎样自我提升，都势必会帮助大家有的放矢，事半功倍。

第二节　什么是胜任力

阿甘正传中有这样一个场景：阿甘和等车的老奶奶闲聊，他的好友兼商业伙伴丹中尉替他买了一个什么水果公司的股票，并告诉他以后都无须为钱发愁了。镜头闪过阿甘手捧着一张印有苹果公司标识的信函。

苹果公司的市值一度跃居市场榜首，而苹果公司的成功可以说与"教主"乔布斯密不可分。乔布斯的传奇一生也被世人津津乐道。

乔布斯的朋友曾这样评价乔布斯：他只要对一样东西感兴趣，就会把这种兴趣发挥到非理性的极致状态。乔布斯可能是美国工程院唯一一位大学只读了半年的院士。他从斯坦福大学退学之后，出于好奇心和对美的追求，跑去里德学院学习怎样写出漂亮的美术字。里德学院在当时提供了或许是全美最好的美术字课程，正是这门课让他对字体和字样有了全新的认识。十多年后，乔布斯将这些知识充分地应用到了 Mac 操作系统的设计之中，苹果电脑带着不同于市场上其他产品的独特气质和精美内容横空出世。这只是个开始，随后的 iPod、iPhone 等，更是颠覆了科技圈，也改变了世界。

那么普通人和史蒂夫·乔布斯之间，究竟有什么不同呢？

乔布斯不是一个完美的人，没有人是完美的。每个人都有自己的特点，乔布斯也不过是在有些方面能力异于常人。上述案例中展现出来的他比较突出的特点，或者我们称之为优于他人的差异能力，就是乔布斯的好奇心和专注力。由于乔布斯有强烈的好奇心，他渴望答案，自主地尽其所能来获得更多相关的资讯，且不轻易接受眼前现成的内容，这才有了苹果产品极致独特的设计，热爱它们的人近乎狂热地忠于苹果产品。

乔布斯的能力差异是可以通过胜任力的方式呈现的。借用麦克利兰对胜任力的表述，乔布斯在"资讯收集"和"主动性"两项胜任力上的评级都非常高。事实上，不止这两项，乔布斯说服、影响和感动他人的意图与能力也非常强大，那么"冲击与影响"这项胜任力的等级也是高于常人的。

要想进一步深入地了解乔布斯以及其他优秀的人才，我们有非常科学的方式来解析他们的能力水平。

什么是胜任力

什么是人才？绝大多数企业需要的人才是"招之即来，来之能战"的人。

何为"能战"？员工需要具备解决工作中的问题并达成预期业绩的能力。而这些能力，我们又称为胜任力。

用胜任力来评判人才，就是在为企业寻找"来之能战"的人才。选人有标准，用人有依据，以胜任力为基础的人才评价与选拔，可以有效预测工作绩效和人才留任情况，而这些对组织而言具有重要的经济价值，这也是为什么胜任力管理能够成为人才管理能量环模型的核心之一。

胜任力是一个人身体内潜藏的特质力量，这种力量能够持续留存相当长久的时间，很多人一生都会保留一些胜任力，也有一些胜任力随着身心的变化、阅历的丰富可能会发生改变或消失。胜任力对人的影响可以体现在工作与生活的方方面面。所以如果想快速地了解一个人，长时间观察他的举止可能是最有效的，在各种情景中经常被观测到的行为就暗含其背后的特质——胜任力。

那么究竟什么是胜任力呢？经过 40 余年的研究，我们得到了五种不同形态的胜任力。

胜任力的五种形态

（1）知识（Knowledge）。

这里特指人才在特定领域的专业知识，如设计师的建筑学知识、财会人员的会计准则等。虽然人们经常会通过考试来判断知识水平高低，但是事实上分数无法真实地反映实际工作中的知识应用水平。考试仅在一定程度上测试了一个人知识内容的掌握情况。譬如，在做一道商科题目的时候，考生正确地列出完成策划案的若干步骤，但这无法说明该考生具备信息搜集和甄别的能力。假设全班三十名同学都答对了这道题，也都写了信息搜集步骤，这三十名同学的信息搜集能力水平也一定是参差不齐的。知识更多的是呈现一个人能力所覆盖的范畴，但无法预测将来实际展现的状态。

（2）技能（Skill）。

这是指执行相应任务的能力。很多人力资源管理从业人员都会将技能与胜任力混淆，其实二者是包含与被包含的关系。譬如，一名外科医生掌握了阑尾炎手术的技术，并有能力主刀完成一台阑尾炎手术，这就是他的一项"技能"，属于胜任力的一种形态。值得注意的是，"思考"同样可以称为一项技能，前提是后续产生了实质的动作与结果。譬如侦探的逻辑推理，甚至整合资料处理知识所进行的概念式思考等。

（3）自我概念（Self-concept）。

这是一个人的自我形象和社会角色。所谓自我形象，就是一个人的态度、价值观和自我印象，即我认为我是谁，我应该成为什么样的人。而社会角色是指一个人基于自身态度和价值观的行为方式与风格。这两项也通常被合称为"自我意识"特质。譬如人的自信，如果一个人相信自己不论面对任何艰难险阻，都能圆满完成任务，这就是这个人对自己的自我概念的认定。

（4）特质（Traits）。

这是指个体的物理特性以及对事物或应激源的一致性反应。譬如，跳远运动员的腿部肌肉与神经系统就是身体特质；有些人面对危险时会越发冷静，思考加速；有些人面对压力时会愈加兴奋，很多喜欢登台演讲的人都是如此，台下的观众越多，演讲人越亢奋。

（5）动机（Motives）。

心理学定义的动机是由目标或对象引导、激发和维持个体活动的一种内在心理过程或内部动力。管理学定义的动机是指为满足某种需求而进行活动的念头或想法，是激励人类行动以达到一定目的的内在原因，即活动的动因。我们通俗地理解，动机就是一个人对一件事反复渴望并最终付诸行动的念头。动机，是水面以下冰山的最底端，是人底层的欲望，牵动着喜怒哀惧爱恶欲。像我们常常听到的成就动机与亲和动机，具有成就动机的人会不停地为自己设立挑战性目标并寻求自我提升，而具有亲和动机的人更加注重人际关系，倾向于避免冲突并渴望他人的认可与喜爱。

这便是五种不同形态的胜任力。思考一下哪些形态颠覆了你对胜任力的认知？

用人所长，聚焦"差异胜任力"的识别

管理大师彼得·德鲁克早就说过，卓有成效的管理者的一项基本要求便是善于用人所长。使用人才管理能量环模型最重要的目的之一就是如此。该模型能够帮助管理者搞清楚究竟什么样的人才能够在企业里长期稳定地发展，并持续输出高绩效。

如果一位员工只具备相应的基础知识和技能，这意味着他刚刚达到岗位的任职门槛，算是有在该岗位上工作所需的最低限度的能力，例如销售人员熟知产品相关信息的能力。除这些基础能力之外，还有一些是能够区分杰出者和适用者的工作能力，可以称之为"差异胜任力"，这是我们更想要获知的信息，也是胜任力管理过程中聚焦的内容。例如，有效区分一个销售冠军和其他销售员的差异胜任力之一是成就动机。这项胜任力会让一个人自主地去追求超越既定目标，并为此付诸实践。

接下来，我们借由麦克利兰的冰山模型理论来进一步理解这五种形态的层次关系。

冰山模型

表象能力 vs 潜在能力

冰山模型（见图 3-1）是心理学家麦克利兰于 1973 年提出来的。管理学中的冰山模型将人的能力特征划分为表象能力和潜在能力两部分。**表象能力**是冰山外露的"水面以上部分"，如知识与技能，较容易被感知和察觉，也较容易发展；**潜在能力**则是冰山深藏的"水面以下部分"，所处位置越深，则越难被感知和察觉，但是也越稳定，不容易发展。

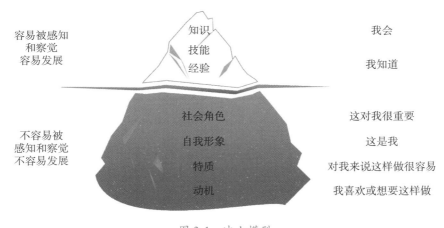

图 3-1　冰山模型

动机和特质位于冰山的水下最深处，它们最为稳定，也是最能主导个人驱动力的胜任力特征。通过对动机和特质的解析，基本可以预测一位员工在工作中的长期表现。尤其是动机，它是最为隐蔽且稳定的胜任力特征。试图改变一个人的动机是不明智的，如果能了解一个人的动机，就已经是达到了识人的最高水平。而用人的至高境界便是善于利用一个人的动机去驱动他。

国内企业在招募人才的时候，通常专注于知识、技能这些表象能力，这是因为招聘人员下意识地假设候选人是具备"追求成功"的深层动机和特质才来应聘的。这显然是不明智的。企业内的培训人员又经常认为企业文化和组织内部的管理机制可以慢慢地改变员工的深层次胜任力。姑且不论能否做到这一点，于企业而言，这是性价比极低的选项。与之相对，如果企业识别并选择了具备核心素质的有潜力的人才，再教导他们工作上所需的知识与技能，这就相对简单许多。应届毕业生的招募与培养就是基于这样的考量。与其试图教导一只企鹅如何飞翔，不如直接雇用一只雏鹰。

冰山模型对人才管理具有重要的指导性意义。如水面上的知识与技能，相对而言可以通过教学、培训来获取或提升。冰山底端的胜任力特征，如动机、特质，很难通过成年后的学习来获得。而位于冰山中间地带的自我概念涉及人的态度和价值观，实际上可以通过相应的心理训练等方式改变，比如自信心的建立，但这是一个长期且困难的过程。所以从企业成本效益的角度出发，稳定的胜任力更适合用于识别人才。

冰山模型的另一种诠释：洋葱模型

另一个值得了解的胜任力模型理论是洋葱模型。洋葱模型是美国学者理查德·博亚特兹在麦克利兰的冰山模型上进一步研究得来的（见图 3-2）。

洋葱模型的本质内容是和冰山模型一致的，因为它本来就是在冰山模型的基础上改良得到的。具体改良的部分体现在对胜任力的表述更具层次感。这个模型如同洋葱一般，由表及里。最表层的是知识与技能，最核心的仍然是动机和特质。挖掘一个人的胜任力就如同剥洋葱一样，越是深入内部，就越能观察到稳定的胜任力，对人才评价的价值也就越大。

图 3-2　洋葱模型

如何使用胜任力做人才评价

心理学家威廉·詹姆斯说过，科学家的第一项准则便是"一项差异如果没有造成差异，就不算是差异"。胜任力作为衡量人才的评价标准，就是要评价出杰出者与适用者之间的差异。

麦克利兰经过多年的研究与实践，总结出了 21 项胜任力，可谓各大知名咨询公司胜任力辞典的鼻祖。为了方便应用胜任力做人才评价，通常会将这些胜任力进行类别划分，然后赋予每一项胜任力一个描述性的定义，再加上三到六个不等的行为指标加以诠释。这些行为指标全部来自针对杰出者的访谈分析。

什么是胜任力评估表

在整理和编码这些行为指标的过程中，我们会发现即使是指向同一项胜任力的不同行为，在不同案例场景中呈现出来的强度也有很大的差异，而且通过仔细分析这些行为所传达的信息，还可以总结出体现该胜任力的不同维度。因此，为了更准确有效地呈现并应用胜任力，我们通常会先将胜任力的行为指标按照不同维度进行分类，然后再为同一维度下的行为指标赋予数值来呈现相应的强度，最后我们就得到了一个相对科学严谨的胜任力评估表（见表 3-1）。

表 3-1 胜任力评估表（主动性）

等级	行为描述
A 维度	时间维度
A-1	只会回想过去，错失良机
A-0	一点也不主动
A+1	展现坚持，采取两个及以上的步骤来克服障碍及困难，虽然事情进展得未必顺利，但是也不轻言放弃
A+2	只面对目前的机会及问题，分析和应对目前的机会或问题
A+3	在遇到危机时快速采取行动及决策
A+4	提早两个月采取行动，通过特别的努力来开创机会或减少潜在问题
A+5	提早 3~12 个月采取行动，在问题尚未浮现的时候，采取措施避免问题的发生或创造良机
A+6	提早 1~2 年采取行动，避免问题的发生及创造良机
A+7	提早 2~5 年采取行动，避免问题的发生及创造良机
A+8	提早 5~10 年采取行动，避免问题的发生及创造良机
A+9	提早 10 年以上采取行动，避免问题的发生及创造良机

（续）

等级	行为描述
B 维度	自我激励，自我努力成果
B-1	逃避必要的工作，想办法逃避自己的工作
B-0	只做基础的工作
B+1	完成工作
B+2	付出额外的心力去达成工作，即使没有受到要求
B+3	完成超出工作说明书内容的要求
B+4	承担远超过要求的新专案的任务
B+5	表现出对工作的狂热，不需要任何正式的授权形式，主动负担个人的风险，勉力完成工作
B+6	加入他人的力量，付出额外的努力去完成工作

注：援引自麦克利兰研究整理的 21 项胜任力。

胜任力评估表的使用方法

我以麦克利兰的 21 项胜任力之中的"主动性"作为例子，为各位讲解如何使用胜任力评估表来评价人才的这项胜任力。

首先，主动性需要一个描述性的定义。麦克利兰赋予主动性这项胜任力的定义如下：

主动意味着在没有别人要求的情况下，自己就付出了超出工作预期的努力，这些努力可以创造更高的效益，以及避免更多的问题，或者创造新的机会。

因为各大企业及咨询公司都在麦克利兰的胜任力研究的基础上，

按照需求重新梳理了属于自己的胜任力辞典，所以市面上很多胜任力虽有不同的名称，却在表达相似的概念。譬如"行动""未来策略导向""把握机会"等，这些都是"主动性"的同类词条，基本上代表同一项胜任力。

现在，我们来具体介绍如何使用胜任力评估表来评价一项胜任力。表 3-1 中的行为指标都是针对主动性这项胜任力的，它们被分类为两个维度：一个是"时间维度"，主要聚焦在主动应对危机或潜在风险的时间幅度；另一个维度是"自我激励，自我努力成果"，旨在说明自我努力的程度。在每个维度之中，行为指标又按照强度进行了分级处理。

一位质量检测工程师的访谈记录节选如下。

我在抽样检测这批新生产的无刷电机的过程中，发现其中一些样件的噪声数据异常，但是这种异常在当时属于可接受的合格标准之内。我本来不需要做什么的，毕竟已经按照流程完成了任务。但是这个噪声数据异常让我放心不下，于是我又做了两次抽样。当时天已经很晚了，厂里没剩下几个工程师了。经过多次检测，我判断这种噪声出现的概率虽然不高，但是接近阈值了。我将这个情况汇报给了我的上司，并申请针对这个噪声问题启动了一个项目。后面的故事你们就知道了，我的小创新让我们的无刷电机更少出现噪声问题，我为此还挺骄傲的。

在维度 A 方面，我们可以通过上述访谈记录评价该员工在主动性这项胜任力上评价为 A+3；在维度 B 方面，他的表现可谓非常优秀，不但主动多次检验，而且主动请缨申请新的项目来解决潜在问题，最后还创新了工艺，评价为 B+4。总结下来，基于以上访谈内容，该员工的主动性胜任力评价为（A+3，B+4）。以此类推，我们可以得到质量检测工程师的胜任力模型中各项核心能力的评价结果。

较之上述主动性的胜任力例子，企业应用的胜任力评估量表会简化很多，譬如某企业有关责任心的胜任力评估表（见表 3-2）。当然也有更为复杂的，我曾与国内知名咨询公司北森合作设计了关键岗位的 4K 胜任力模型，其不只列出详细的行为指标，更是为每一个行为指标设计了关键问题及常见案例，其意图在于尽量降低人力资源团队应用胜任力评估表的难度，力争把单反变成傻瓜相机。这个项目的实践效果不错，就是设计难度和工作量都非常大。

表 3-2　胜任力评估表（责任心）

等级	行为描述
A-1	对自己的工作不满意，工作不够投入；对自己的工作认识不够，不知道其重要性，更无法从工作中获得满足
A-0	对自己的工作有比较充分的认识，工作比较投入、比较热情；能从工作中获得较大的满足，工作任劳任怨，能为实现团队的目标而牺牲自我的利益
A+1	能够与企业或团队共患难，在组织需要时愿意做出自我牺牲；热爱自己的工作，能够倾情投入；懂得自己的工作对整个企业运作的重要性，尽心尽力；能够不拘泥于工作本身，心怀全局；工作中一丝不苟，有始有终；经常对工作中的问题进行思考，提出建议

（续）

等级	行为描述
A+2	强烈的企业主人翁意识，充分认识到自己工作的重要性，对工作几乎狂热，全情投入；在工作中获得极大的满足与成就感，愿意为企业奉献自己

胜任力之间不是绝缘的，事实上一项胜任力通常会关联并支持其他的胜任力。还是拿主动性举例，它就会关联并支持成就导向、关系建立、发展他人等胜任力。

通过胜任力评估表获得的人才评价是人才管理能量环模型的核心数据之一，也是人才管理在评价维度中最强力的技术。如果管理者可以掌握基础的胜任力评价及胜任力管理技术，对自身的职业发展来说会非常有帮助。

第三节　如何搭建胜任力模型

D公司里有两个岗位需要人力资源部门妥善安排。一个是负责产品研发中心的首席技术工程师，另一个是发动机事业部的工程总监。两个岗位从职级角度看是同等重要的。作为人力资源总监的你手边恰好有两个人选。单看候选人的知识与过往从业背景，二者都有二十几年的工程技术相关经验，而且都具备相应的专业资格认证。

> 究竟谁更适合做产品研发中心的首席技术工程师？谁又适合做工程总监呢？
>
> 我们还需要了解哪些信息才能做出正确的判断？

这类问题在企业里比比皆是。例如营销部门多以业绩为导向，能够做部门负责人的必然也要自身实力过硬，否则难以服众。但不是每一位销售冠军都能够胜任营销部门负责人的岗位，从作为个人贡献者的销售冠军成长为带兵打仗的营销部门负责人，是需要诸多不同类型的胜任力的。譬如 D 公司案例中的首席技术工程师和工程总监，都需要"做出决定和采取行动"这项胜任力，但是前者对于"创造和创新"这项胜任力的要求更高，近乎达到专家级的标准。

我们进一步看下"创造和创新"这项胜任力的关键行为有哪些：

- 提出新思维、新方法或新观点。
- 发明创新型产品或设计。
- 提出解决问题的多种方法。

胜任力的表达方式有很多，像上面通过几个关键行为来诠释一项胜任力的例子是比较普遍的一种。很多知名咨询公司都以麦克利兰的 21 项胜任力为出发点，研究开发了属于自己的胜任力辞典。可想而知，作为发动机事业部的工程总监，更主要的工作是"领导和监督"与"成果交付和达到客户期望"，对"创造和创新"这项胜任力的要求介于专业级与精通级之间，不会像产品研发中心的首席技术工程师的工作那样将"创造和创新"作为关键胜任力来依赖。

总之，产品研发中心的首席技术工程师和发动机事业部的工程总监这两个岗位的胜任力模型中，无论是关键胜任力还是胜任力的等级都会有诸多不同。

即使拥有着相似的背景和经验，但是候选人如果不具备岗位所需的关键胜任力，也无法达成该岗位预期的绩效目标。如果涉及跨职能的岗位变动，其胜任力模型之间的差距是非常大的。跨部门调转是培养复合型人才的关键举措，也是非常有风险的用人决策，更加需要基于胜任力模型的人才识别能力来保驾护航。

随着麦克利兰的胜任力相关理论得到了极大的发展，胜任力模型也被高调引进国内，已经有越来越多的企业在人才管理中应用胜任力模型。

国内企业预期胜任力模型能解决什么样的人才问题呢？如果我们把冰山模型的七个层次简化成老板心中的人才问题，通常来说，老板想知道的无外乎这三个问题：会不会干？能不能干得好？能不能持续稳定地干好？胜任力模型就是在试图更科学准确地回答这三个问题。

什么是胜任力模型

我们已经对胜任力的概念有了深入的了解，那什么是胜任力模型？所谓"胜任力模型"，就是把担任某一个特定的任务角色所必须具备的胜任力组合起来形成的总和。胜任力模型的具体含义为：对组织或企业中的某一个职位，依据其职责要求所提出的，为完成职责而需要的能力支持要素的集中表示。

胜任力模型需要具有指导意义，它需要聚焦在与高绩效相关的差异胜任力上。胜任力模型的应用场景不同，它的表现形式也会有所差别。譬如，体现企业核心价值观的通用胜任力模型，如通用电气的4E+1P 模型（见图 3-3）等。这种通用胜任力模型在企业中应用广泛，通常只有 4~8 项胜任力，需要全员看齐。当然，涉及具体人才盘点应用的时候，岗位的胜任力模型经常多达十余项，如后面要介绍的销售冠军的胜任力模型。

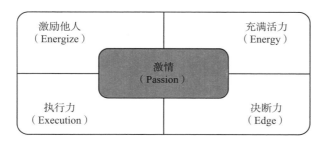

图 3-3　通用电气的 4E+1P 模型

实践已经证明，应用胜任力模型可以有效地提高人才管理体系的识人能力。准确的人岗匹配是组织竞争力提升的前提条件，而组织识别人才的水平直接关系到关键岗位的排兵布阵。企业需要掌握一把丈量人才的尺子，帮助自己识别人才，也帮助有潜力的人才脱颖而出。那么如何获得这把尺子呢？ 我们来了解一下如何搭建一个岗位的胜任力模型。

搭建胜任力模型的六个关键步骤

随着胜任力在国内的知名度越来越高，提供相关服务的咨询公司变得层出不穷。虽然这些咨询公司都标榜自己搭建胜任力模型的方法是独树一帜的，但是只要对比分析，就会发现这些方法看似五花八门，实则都可归类为以下六个关键步骤（见图 3-4）。

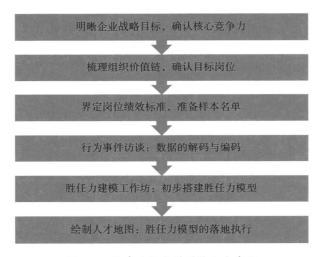

图 3-4　搭建胜任力模型的六个步骤

明晰企业战略目标，确认核心竞争力

企业在分配资源进行任何项目时，都需要认真地审视该动作能否助力战略目标的达成，以及了解其中运作的逻辑。胜任力模型的搭建与应用也是如此。

企业的战略目标需求是胜任力建模的指导方针。通过战略解码梳理出未来五年必赢的战役之后，企业就需要思考自身要如何发展或巩固其核心竞争力，这些核心竞争力又需要人才具备哪些胜任力来支撑。因为企业的资源是极其有限的，唯有将从战略到胜任力的顶层逻辑梳理清楚，才能按照合理的优先级聚焦目标岗位，并搭建符合企业文化与战略的胜任力模型。

梳理组织价值链，确认目标岗位

确认了企业最需要关注的组织能力，即核心竞争力，接下来就要梳理出与之相关的目标岗位了。任何一个行业的任何一家企业在生产经营的过程中，都要经历一个从产品研发到生产、销售的产业价值链，这个价值链条中还需要加上成本招标采购、人力资源、财务、运营等部门的支持。这些职能按照符合企业特点的方式组合在一起，就形成了企业的组织架构。

横向复盘所在企业的组织架构，能够帮助我们快速识别各个部门的责、权、利边界，以及它们在整个价值链中的定位。有些企业营销为王，有些企业认为创新设计最为重要，这都是不同的组织依据自身核心竞争力来设计的，体现了对自身的能力认知。

在了解了组织架构的权责划分之后，我们就需要针对目标部门进行纵向地深入了解，掌握其内部岗位的设置与分工。通过以上分析，组织中最为关键的目标岗位就被识别出来了。因为资源有限，选择目标岗位时是存在优先级的。虽然大多数情况都是将部门负责人岗位设为目标岗位，如营销部门副总、总设计师等，但这不是一定的。很多成熟的企业应用胜任力模型管理多年，它们会聚焦在因行业变化而产生的新需求、新岗位上，比如近十年出现的新岗位"数字营销专家"等。

界定岗位绩效标准，准备样本名单

在明确目标岗位之后，我们就需要深入了解并衡量这个岗位的绩效标准。如果企业有完善的绩效考核体系，可以通过该岗位过往的关键绩效指标（KPI）或者目标与关键成果（OKR）指标掌握相应的绩效标准；如果没有，只能通过对直接上级和该岗位的绩效优秀的岗位专家进行行为事件访谈来自行梳理。无论哪种情况，这个步骤都非常关键，不能偷工减料。要知道研究胜任力的立足点便是工作绩效，工作绩效的产生过程是由员工的行为组成的，而员工的行为是胜任力施展后的外在表现，所以胜任力可以说是工作绩效的必要不充分条件，同时有一定的绩效预测功能，这也是我们研究胜任力的原因之一。

一旦对目标岗位的绩效标准有了一个相对全面的了解，下一步就是要为后续的行为事件访谈准备样本名单。访谈的对象主要是绩效优秀的岗位专家，学界称之为 Subject Matter Expert（SME）。除了这些人，目标岗位的利益相关者也需要囊括在名单之中。他们是该岗位的直接上级、直接下级、部门内及跨部门关联的岗位同事，有时还会包括其他有独立视角的利益相关者，例如 HRBP 等。

行为事件访谈：数据的解码与编码

在确认了目标岗位及样本名单之后，接下来就是胜任力建模中尤为关键的数据收集步骤——行为事件访谈。很多咨询公司也会用问卷调查法代替，更有甚者直接从自家的数据库中选取胜任力词条进行现场讲解和引导，通过边学习边讨论的方式绘制胜任力模型。这种牺牲准确度的做法我是不建议的。如果是为了节约时间和成本（事实上在中国公司中极可能遇到这样的窘境），那么负责人至少要保证两个大前提：参与问卷或建模的被测评人的确非常了解做好目标岗位的各个行为；他们也同时比较了解胜任力及胜任力模型的底层逻辑。

基于过往经验，这两个大前提在多数公司之中是不成立的，很多公司的人力资源同事都未必了解什么是胜任力。所以公司需要通过行为事件访谈来获得大量的行为数据，处理之后的数据可以帮助利益相关者更精准地理解和识别绩效、行为与胜任力之间的关系，从而搭建有效的胜任力模型。

岗位专家是最了解目标岗位且最有发言权的群体。他们的直接上级及本部门、跨部门的同事都只有一个相对狭窄的视角。不过很多岗位专家虽然工作绩效优秀，但是无法清晰地阐述到底是哪些关键行为才使得自己的工作成果优于其他人的。这种情况在行为事件访谈中很常见。访谈的过程不仅是访谈人汲取数据的过程，还是被访谈人梳理思路的过程。这个思考的过程意义非凡，是不可或缺的关键一环，这也是我推荐做行为事件访谈的另一个原因。

在行为事件访谈的过程中，访谈人将用 1.5~2 小时来挖掘被访谈人究竟是怎样高效且优质地完成工作的。访谈的重点将完全聚焦在被访谈人过去发生的一些具体工作事件，深入探讨其中展现出来的行为细节。

在完成访谈之后，我们需要对所记录的数据进行分析整理，通过梳理访谈记录中的有效行为，初步识别被访谈人可能具备的胜任力种类及等级，这便是数据的解码与编码的过程。

胜任力建模工作坊：初步搭建胜任力模型

一旦有了足够的行为数据支持，并且岗位专家及其他利益相关者也通过访谈进一步了解了目标岗位，我们就可以进入搭建胜任力模型的环节。这一步有两个任务需要完成：第一，目标岗位利益相关者共同探讨哪些胜任力将被选入模型，并确定每一项胜任力的等级；第二，通过工作坊引导的形式，让利益相关者之间达成共识，并共同承诺后续的落地执行动作。

胜任力建模工作坊的种类繁多，比较常见的方法有两种，一种是基于整理后的行为数据，参照胜任力辞典来共同识别胜任力；另一种是借助胜任力卡牌的形式来完成建模。无论采用哪一种方法，这个过程中的关键都在于如何引导各位目标岗位利益相关者得到结论，达成一致。

这个过程一般会非常激烈，难点在于如何做减法。通常这些利益相关者都会下意识地认为目标岗位需要非常多的胜任力。组织者需要通过严谨的流程和高明的引导技术帮助管理者聚焦于6~8项最为关键的差异胜任力。举个例子，当目标岗位是某职能部门负责人岗位的时候，几乎所有利益相关者都倾向于选择将"适应和应对改变"和"处理压力和挫折"放入胜任力模型中。我们来看一下"适应和应对改变"这项胜任力所对应的关键行为有哪些：

- 适应变化的环境。
- 容忍含糊不清的信息。
- 接受和变更新思维。
- 调整人与人之间的处事方式，以适应不同的情形。
- 对新体验表现出兴趣。

　　所谓"适应和应对改变"，我们通常习惯笼统地理解为人才的适应能力。并不是每一个岗位都需要把这项胜任力当作岗位差异胜任力，并且排在前六位的。大量的数据表示，在生产类、研发类以及营销类岗位之中，只有营销类岗位需要将这项胜任力纳入其胜任力模型。不是适应和应对改变的能力不重要，而是当建模的重点聚焦在关乎工作绩效的 6~8 项胜任力时，"适应和应对改变"的优先级不会总是那么重要。我们要选的是"雪中送炭"，而不是"锦上添花"的选项。

　　相同类型不同职级的岗位所需的胜任力及等级要求也会有所不同。图 3-5 为某互联网企业中不同职级的项目经理岗位的胜任力模型对比。

　　这个案例和之前 A 公司的案例一样，体现出初学者与岗位专家之间存在横跨数十年的经验积累。有些胜任力无须初学者具备，例如"风险识别与管控能力"和"度量及数据分析能力"；有些胜任力是要求的等级天差地别，如"项目跟踪和控制能力"，对于初学者只要求达到等级 1，而岗位专家的要求是等级 4。等级 1 和等级 4 之间的差别如下。

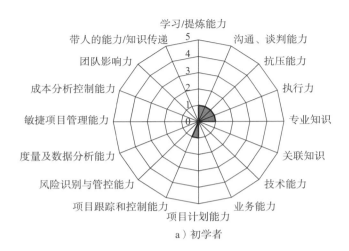

a）初学者

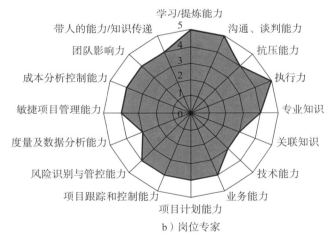

b）岗位专家

图 3-5　某互联网企业不同职级的项目经理岗位的胜任力模型对比

等级 1 定义：

- 了解项目跟踪和控制方法。

- 能在指导下，对已制定好的项目进行跟踪。

- 在项目执行过程中参与辅助性的工作，并协助解决问题。

等级 4 定义：

- 能够进行多项目管理，跟踪各项目的实施情况。
- 综合考虑技术、成本等因素，高效协调和安排各项目的工作进度。
- 能够有效进行风险预判，处理突发情况等。

绘制人才地图：胜任力模型的落地执行

最后这一步是落地执行，需要验证胜任力模型的效度。公司通常会先尝试应用胜任力模型将目标岗位现有人群绘制成一张人才地图，再通过专家团评审的方式，集合参与过行为事件访谈的岗位专家来共同评议这个人才地图是否合理，是否需要修订胜任力模型这把尺子。事实上，在人才盘点等后期应用的过程中，我们都可以不断地修订和完善目标岗位的胜任力模型，这取决于企业是否有需要。

人才地图仅是胜任力模型的应用之一。其他的还有继任计划、人才梯队的人才池数据、人才九宫格等，这些都是组织在掌握了胜任力模型这把尺子之后的产物。自此，胜任力模型的搭建就完成了。

咨询公司力荐的新型胜任力建模方法论

近年来，有很多知名咨询公司推崇一种新型的胜任力建模方法，称为"主观数据＋客观数据"双驱动的胜任力建模方法（见图 3-6）。其实仔细研究对比，我们就会发现该胜任力建模方法的创新之处就是结合了人才测评的数据支持，也就是其中的客观数据驱动。这样的结合的确会增加识人的准确度，也和人才管理能量环模型的思路不谋而合。这也得益于人才测评在国内的应用变得广泛。

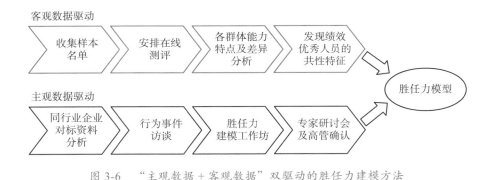

图 3-6 "主观数据 + 客观数据"双驱动的胜任力建模方法

胜任力模型搭建的误区

胜任力模型的搭建是一项需要谨慎对待的人才管理议题，其核心目的就是通过胜任力模型这把尺子帮助管理者更好地识人、用人，从而提升组织的竞争力，助力企业战略目标的达成。在搭建胜任力模型的过程中，往往会出现一些认知上的误区。以下四个是常见的胜任力模型搭建的误区，企业需要尽力避免：

- 胜任力概念不清晰，后期应用的人员对胜任力模型的理解也不到位。
- 胜任力模型过于复杂，使得其最终无法落地，束之高阁。
- 建模团队缺乏足够的数据支撑，闭门造车，使得胜任力模型无法用于人才识别。
- 胜任力模型中选入了过多项胜任力，不够聚焦，核心稀释，失去了实用价值。

为了避免陷入误区，管理者要谨记三点。

首先，搭建胜任力模型讲求的是有理有据，需要有充分的行为数据来佐证胜任力的选取是合理的。

其次，学会做减法，精益求精。组织不需要完美的岗位胜任力模型，也找不到真正完美的人才。管理者要将有限的精力聚焦在识别关键的差异胜任力上。

最后，实用性是重中之重。这就要求我们对目标岗位和胜任力都有很好的了解。对管理者来说最有帮助的了解方法，莫过于参与到行为事件访谈中去。

第四节　行为事件访谈法

你知道一个优秀的一线销售人才应该具备什么样的能力吗？

想要准确地回答这个问题是需要更多的背景信息的，处于不同行业、不同企业，答案都会有所不同。我们仍然可以基于一家知名咨询公司的有十余年积累的数据库来粗略地回答这个问题。

什么人能够成为销售冠军？销售冠军应该具备怎样的胜任力？

营销职能在很多企业里都是核心职能之一，营销团队不但掌握着现金流的命脉，而且是最需要管理和激活的团队，优秀的销售人才自然也是老板眼中的精兵强将。如何识别有能力、有潜力的销售人才也是很多企业面临的关键问题。过往我在很多企业里都搭建过营销人员的胜任力模型，销售冠军和营销部门负责人的胜任力模型是非常不同的，就个人有限的经验而言，在营销这个领域，也许选对人比培养人更重要一点点。我们以 D 公司的销售冠军胜任力模型为例，结合 S 咨询公司多年的数据积累，向各位展示通常情况下销售冠军应具备怎样的胜任力。

D 公司销售冠军胜任力模型包含九项胜任力，分别是：深入市场、了解客户、选对产品、掌控营销节奏、赢得支持、追求品牌口碑与溢价、目标理解与执行、细化路径、严格落实（见图 3-7）。

这个胜任力模型是基于与超过 50 名销售冠军的行为事件访谈和为期两天的胜任力建模工作坊梳理出来的，而且胜任力词条进行了本土化处理，应用了符合该企业特性的表述方式，这在胜任力建模过程中也非常重要，且考验功力水平。

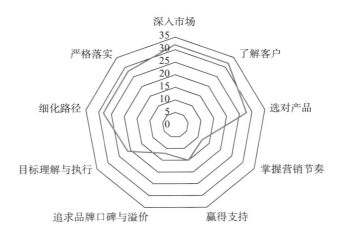

图 3-7　D 公司销售冠军胜任力模型

为了更好地理解胜任力模型，我们提炼了若干个关键行为来描述每一项胜任力，譬如"选对产品"这项胜任力，其关键行为举例如下：

- 通盘考虑当地风土人情特点、本地市场趋势与客户价格敏感点，选择产品形态并测算预期价格。
- 基于客户核心诉求，设计项目核心价值和主要卖点，并将其转化为客户易懂的语言。

这些关键行为既是该项胜任力的诠释，也是行为判断依据。当然，为了方便之后负责人才盘点的人力资源同事能够更好地理解和应用这个胜任力模型，该项目进行了更加深入的解析，并设计了"傻瓜式"的配套工具。譬如，有些人可能不容易从字面上完全理解第二个关键行为，我们进一步阐述了这项胜任力水平的判断依据：

- 优：能够清晰界定产品价值和主要卖点，选定打动人心的推广语，令客户产生共鸣。
- 中：能够提炼产品价值和主要卖点，但是语言晦涩，没有特点。
- 差：营销方案无重点，主要卖点不符合客户需求。

不仅如此，我们还为人才盘点应用场景预设了若干问题来确认该项胜任力的关键行为，部分问题如下：

- 客户的需求和产品的核心卖点是如何确认的？
- 项目的营销方案主打什么？当时的推广语是什么？

每一项胜任力都会有 2~3 项关键行为作为诠释，每一项行为也都配套了优劣的判断依据以及建议问题，确保人才盘点的访谈人能够切实有效地确认该项关键行为。

这里有一个非常有趣的问题，几乎每次涉及销售人才胜任力建模或者销售人才画像的时候都会引发讨论：你觉得销售冠军胜任力模型中是否应该包含这两项胜任力？

- 与他人合作。
- 满足客户期望。

目标岗位的胜任力模型并没有统一的标准答案，但是基于 S 咨询公司多年的数据积累，这两项胜任力并不是销售冠军应具备的胜任力中的前八项。也就是说，这两项并非该岗位的关键胜任力。这是数据呈现出来的结果，你觉得这是为什么？

上一节我们已经强调过，在胜任力建模的过程中，汲取数据，并将数据进行解码和编码的过程是非常重要的。这也是为什么我要将行为事件访谈专门展开来详细讲解。这是一项值得所有管理者都认真了解学习的人才管理技术。

什么是行为事件访谈法

行为事件访谈法，即通过与优秀员工认真回顾他们以往工作中的典型事件，收集被访谈人在事件中的具体行为和心理活动的详细信息，进而发现并提取员工获得高绩效所需的共同的能力和信息。

顾名思义，行为事件访谈法关注的是人的行为。它旨在通过访谈的形式，获取我们搭建胜任力模型所需的相对可靠的行为数据。

什么是行为

行为事件访谈法所关注的行为是有其特点的，首先，行为事件访谈过程中聚焦的行为必须是发生在过去的行为细节，一定要存在于被访谈人的记忆之中，而不是自己的假想。如果用一种更加方便读者理解的表述来形容行为，那就是行为事件访谈法所关注的是可以被照下来和录下来的行为细节。

哪些是对于行为事件访谈有效性高的行为

以下两个访谈记录，哪一个是我们需要的行为数据？

- "一个员工太让人失望，每天上班都迟到10分钟以上，我们警告了他很多次，但是他完全没有改。"
- "我的同事从来不知道如何与他人配合，跟他一起工作大大影响我的效率。"

如果我们用之前讲到的方法，哪个行为场景是可以用照相机或摄像机记录下来的呢？很显然是前者，后者更多是被访谈人的感受分享，作为访谈人，我们无法通过这样一句描述了解到被访谈人的同事究竟做了什么事情，使得周围人的工作效率受到了影响。像这种情况，我们称为"行为的失真"。这种时候就需要进一步了解当时发生的具体细节。

还有很多行为描述需要访谈人去做判断，有时候也需要通过追问和打断的方式深入挖掘行为细节，甚至判断行为的真伪。举个常见的例子：在行为事件访谈过程中，很多健谈的被访谈人都会提及团队的行为，就是"我们"做了什么。这种情况下，访谈人就需要进一步去了解并厘清在这个事件中，被访谈人个人具体做了什么，譬如下面两种情况就有很大不同。

- "我查到了客户不满意的原因，主要是在办理售后服务手续的时候需要资料，但是没有提前沟通好，下次我会提前再次提醒。"
- "我们确定，这个销售顾问出了问题就是由于缺少培训。于是我们做了一个计划，并在两周内对所有销售顾问都做了一次培训。"

在这样的对话中，访谈人要能够明确行为的主体，辨别这个行为具体是由谁做的，被访谈人在这个过程中的具体贡献是什么。只有做到这一点，我们才能说这个行为数据是有效的或者有效性高的。

判断行为有效性的维度还有很多，对于行为事件访谈有效性高和低的行为总结如下（见表 3-3）。

表 3-3　对于行为事件访谈有效性高和低的行为

有效性高的行为	有效性低的行为
- 被访谈人自己的行为 - 被访谈人自发的表达 - 如果是互动行为，需要明确行为的受体 - 清晰且具体的行为 - 被访谈人内心的想法和感受 - 已经发生的行为	- 行为的产生者不是被访谈人个人 - 被访谈人在诱导下的回答 - 行为的受体不明 - 含糊不清的总结 - 缺乏被访谈人想法与感受的行为 - 计划做的、经常做的、应该做的行为

行为事件访谈法的步骤

行为事件访谈法是一场高强度的交流过程，访谈人要具备足够的专业知识与经验，才能够在面对目标岗位专家时得到有效的行为数据，通常情况下，被访谈人极可能是公司高层管理者，级别要高于内部的访谈人。这也对整场行为事件访谈提出了更高的要求。通常，我们将整场访谈分解成 6 个步骤（见图 3-8）。

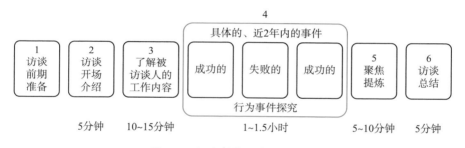

图 3-8　行为事件访谈法流程图

访谈前期准备

访谈前期准备需要关注三个方面。

第一，对于被访谈人及其所在的组织要做好前期功课。不但要提前了解其组织架构、团队构成及分工、业务流程、工作职责等，而且要了解并能够听懂他的语言，如企业和职能内部用语。访谈人应知晓目标岗位的任务特征，以便在访谈过程中迅速聚焦关键要点。

第二，要前期准备好访谈材料，包括访谈提纲、访谈人员分工、访谈场所等，甚至电脑和录音笔都要提前预设好。

第三，访谈人需要调整好自身的状态、心态，时刻谨记自己的角色和身份。正如前面提到的，极可能访谈双方的岗位职级相差悬殊，但仍要保持状态进行一场平等的对话，这需要访谈人有长期的积累和磨砺才做得到。

访谈开场介绍

一场访谈的开始至关重要，基于不同场景、不同人物关系，访谈人可以采用自己得心应手的方式进行开场。访谈时间尽量控制在 5 分钟以内，阐述该访谈的目的、角色、流程，并管控好访谈的氛围。也可以提前告知被访谈人在整个访谈过程中，可能要问很多细节方面的问题，而且为了获得重要的行为信息，可能会有追问和打断，请他谅解。

当你初次与某人交流的时候，有三种因素会影响到对方的感受：你的措辞占比 15%，说话要掌握分寸；你的语气占比 25%，如何亲切平和且不卑不亢地平等沟通，很大程度上取决于你的语气；你的肢体语言占比最高，有 60%。这是一个建立信任的过程，被访谈人的投入程度几乎完全取决于访谈人的访谈能力。

了解被访谈人的工作内容

访谈人可以通过 10~15 分钟来进一步补全被访谈人的一些个人信息及目标岗位的信息："您在这个岗位上工作了多久？""您的主要职责是什么？""您是如何分配工作时间的？""工作中的主要挑战有哪些？"。因为前期准备工作做得非常充足，这一步仍然是为了进一步打开对话，让谈话轻松地开展起来。

当然，对经验丰富的访谈人而言，并不需要拘泥于前 3 个步骤。步骤流程也好，访谈提纲也罢，都只能起到提示性的作用，最佳的行为事件访谈一定不是照本宣科，而是一场高质量的对话盛宴。

行为事件探究

第 4 步是行为事件访谈法里面最为关键的一步，预计需要 1~1.5小时。当然也可以按照实际情况量体裁衣。这个过程所问的问题都是行为问题，聚焦过往 2 年内发生的具体事件。问题的设置可以参考《英雄之旅》：以成功案例开头，插入一个失败的案例，最终以成功案例收尾。问题的选择可以是从个人履历中引出话题，也可以参考目标岗位遭遇的关键事件。每个岗位都会遇到关键事件，例如人力资源管理者会遇到的仲裁、裁员、晋升涨薪相关的不公平投诉等事件。

在这个过程中，我们需要聚焦和获取的是包含高效行为数据的完整信息。什么是行为事件访谈中的完整信息呢？访谈人可以谨记两条主线在心：一条是聚焦内容的 STAR 法则，被访谈人需要阐述完整的故事；另一条是聚焦行为的 FATM 原则，即被访谈人的感受（Feelings）、行动（Actions）、思考（Thoughts）、动机（Motivation）。下面介绍 STAR 法则。

STAR 法则指的是以下四个核心词：

情景（Situation）：事件发生的情境、背景，包括事件的起因、涉及的人物以及相互之间的关系等。

任务（Task）：被访谈人当时的主要任务和责任是什么。

行动（Action）：引导被访谈人详细叙述该事件中自己的所行、所言、所思、所感。

结果（Result）：事件的最终结果是什么。可让被访谈人总结一下成功或失败的原因。

确实存在一些善于沟通且逻辑清晰的被访谈人能够在不需要访谈人引导的情况下就完整讲述一个事件，将其中的背景、任务、行动和结果展现得淋漓尽致。当然大多数人是做不到的，擅长讲故事的人是少之又少的。这个时候就需要访谈人通过提问的方式提供有效引导。例如：事件发生的背景是什么？当时具体的任务和目标是什么？这项工作共有多少人参与，你在其中的角色是什么？你的任务和目标是什么？对于怎么做，你是如何构思并具体落实的？过程中最大的压力和挑战是什么，你又是如何应对的？遇到了哪些事先没想到或者从未遇到过的问题，你又是如何处理的？这项工作的结果如何？这些问题都可以帮助被访谈人补全事件相关信息，让访谈人完善出一个符合STAR法则的案例。

表3-4列出了基于STAR法则预设的基础引导问题及必要的追问问题，可供各位借鉴。

表 3-4　STAR 法则相关问题举例

核心词	基础引导问题	追问问题举例
情景	<ul><li>当时情况是怎样的？</li><li>你在其中的角色是什么？</li><li>共有多少人参与？</li></ul>	<ul><li>这项工作的特殊之处在哪里？</li><li>那时发生了什么？（你当时面临的状况是什么？）</li><li>是什么促使你产生那样的反应？</li></ul>

（续）

核心词	基础引导问题	追问问题举例
任务	• 你的角色和所面临的任务是什么？ • 核心挑战是什么？	• 你当时想要达成什么样的目标？ • 你主要的职责是什么？ • 你承担的任务有哪些？ • 你需要处理哪些关键的事情？
行动	• 当时你做了什么，说了什么？ • 为什么那么做？	• 面对当时那种情况，你的反应是什么？ • 你形成了什么方案？ • 你采取了什么步骤？ • 你采取了哪些具体的行动？
结果	• 你解决了什么难题？ • 你从这次经历中有哪些收获？	• 你这样做取得了什么成果？ • 你的做法产生了什么影响？ • 最终实现了怎样的变化？ • 如何衡量这项工作的结果？ • 你的上级如何评价这项工作？

聚焦提炼

这一步旨在了解被访谈人对当前职位素质要求（含知识和技能）的看法，5~10分钟即可，主要的行为数据已经在第4步获得，第5步获取的内容更多是起到进一步佐证或者对比的作用。相关的问题示例如下：

• 从你自身以及周围的同事来看，优秀的营销人员具备哪些典型的能力素质？

- 对于做好目前的工作，你认为哪些知识技能是最关键的？
- 你认为在企业文化中，最优秀的、需要传承下来的文化因子有哪些？

访谈总结

进行了 1~2 小时高强度的行为事件访谈，此时作为访谈人的我们要对被访谈人表示诚挚的感谢。行为事件访谈是胜任力建模的关键步骤，更是访谈人自我积累和提升的宝贵机会。经验逐步积累起来之后，我们对于岗位的理解将会既有深度又有广度，对于被访谈人的职业发展也颇有益处。另外，此时也可以回答被访谈人提出的疑问，并最终明确给予被访谈人后续反馈的时间等信息。

以上 6 个步骤阐述了一场行为事件访谈的全过程。在访谈过程中，通常由一人主导访谈，另需一位助手负责全程记录。这里需要注意的是如何进行有效的记录。

首先，全程记录被访谈人的原话，要忠于"原著"，不能加入个人的理解或感受。在被访谈人允许的情况下，可以在访谈过程中应用录音笔记录。有些企业也会用隐蔽录音的方式，这样有利于缓解访谈双方的情绪。

其次，稍后需要追问的要点需要记录，如被访谈人一带而过的地方需要确认；较为跳跃的地方需要访谈人帮助厘清；集体性行为需要明确个人角色。

访谈提纲可以作为一份索引工具，帮助访谈人有逻辑地询问业务开展、跨部门协作、团队管理、个人绩效等相关信息，但是不要照本宣科，实际场景下也不会按照访谈提纲的顺序来进行问答。正如前文提到过的，行为事件访谈流程和访谈提纲都是起到提示作用的工具。一场真正的访谈是需要随机应变和把握机会的，这需要访谈人与被访谈人之间迅速建立信任，从而得到有效行为数据的挖掘过程。行为事件访谈法作为识人的可靠技术值得所有管理者了解学习。

访谈提纲样例（访谈人使用）

1. 请你描述一下你所在项目组织的情况（区域、城市、项目组织及业绩情况等）？

2. 请问你的岗位职责是什么（不限于团队管理、业绩管理、市场及客户及产品管理等）？

3. 请问你的工作时间是如何分配的？

4. 请具体描述一下你的重点工作任务。

5. 请你从近两年工作中真实发生的、与你的重点工作密切相关的事件中，选择一例"令你感到满意或超出你的预期绩效"的事件，并回答以下问题。

- 事件当时处于怎样的情境，有哪些人参与？
- 你当时面临的主要任务是什么，要完成什么目标？
- 你当时的想法是什么，遇到了什么困难，采取了什么行动？
- 事件最终的结果是怎样的？

6.请你从近两年工作中真实发生的、与你的重点工作密切相关的事件中，选择一例"令你感到不太满意或没有达到你的预期绩效"的事件，并回答以下问题。

- 事件当时处于怎样的情境，有哪些人参与？
- 你当时面临的主要任务是什么，要完成什么目标？
- 你当时的想法是什么，遇到了什么困难，采取了什么行动？
- 事件最终的结果是怎样的？

7.请你说一下在本岗位（如营销）上的收获，下阶段的工作计划及安排。

8.在你周围的同事中，优秀的此岗位（如营销）管理者是什么样的，他们具备哪些典型的能力素质？

9.你认为在企业文化中，最优秀的、需要传承下来的文化因子有哪些？

第五节　胜任力管理流程的设计与实践

时至今日，即使很多中国企业都在应用胜任力模型，都在进行人才盘点，但是大多数企业都没有进行胜任力管理。

还记得世界 500 强 A 公司的 CEO 亨利先生吗？每一年，亨利先生都需要遵循胜任力管理的流程审视自己，并通过与直接上级深入探讨自身的胜任力情况，对自己未来的个人发展与学习有一个相对清晰明确的计划。当然，A公司也会得到亨利每年的胜任力测评结果，作为关键人才数据留存。

我们之前提到过，A公司的胜任力管理借由专门的信息系统做支撑。员工可以通过该系统得到一份胜任力差距报告，该报告会对该员工当前岗位的个人数据与其期望岗位的数据进行对比，并进一步分析该员工要想胜任期望岗位，还有哪些技能需要提高、哪些技能需要补全。这些信息相当于为每一位员工提供了定制化的能力分析与培养计划。可以预见，在不久的将来，这项"服务"会变成所有企业必须提供的标配。

日积月累的员工胜任力数据是非常重要的人才管理核心数据，胜任力管理也是人才管理能量环模型的三大核心之一。我们探讨胜任力管理，便是走在了国内人才管理的前沿。随着人才管理概念的普及，胜任力管理流程将会变成企业的必需品之一，而掌握了这项人才管理举措的人自然会更有市场竞争力。

胜任力管理流程的目的

首先，员工通过胜任力管理流程可以了解到胜任某岗位所需的知识、经验、能力的信息，该流程让员工可以根据岗位期望来衡量自己，并从中有效识别个人的未来发展机会，帮助员工做出职业规划决策。员工也可以有效利用企业内的资源帮助自身成长，如个人发展计划、企业大学等。

其次，对管理者而言，胜任力管理流程中的关键步骤及产物将作为管理者的教练与指导工具，帮助管理者挖掘高潜人才，做好团队建设。

最后，胜任力管理流程能够帮助人才管理团队了解各个职能、子职能甚至特定岗位共同的人才发展需求。这也为企业开展人才的培训与发展指明了方向，避免了资源的浪费。要知道人才发展项目的人力物力投入都是非常可观的，我们需要有的放矢，避免浪费。胜任力差距报告也会体现出当前某部门的人员能否支撑起业务需求，便于企业提早制定人才招募计划。

胜任力管理流程可以帮助大家意识到，员工发展的责任是由员工、他们的直接上级和职能部门共同承担的。这一认知上的提升是非常关键的，也是国内大多数企业尚未领悟的。

胜任力管理流程的结果应用

员工的胜任力数据是非常重要的人才管理核心数据，它的应用需要遵循合理合法的原则。

通常，员工的胜任力数据会被用在以下场景中：

- 员工可以应用自己的胜任力数据来制订个人发展计划和职业生涯规划。
- 职能部门或事业部可以使用公司内的胜任力数据寻找满足特定胜任力等级要求的内部人才。
- 人才管理团队会在保密的前提下，在人才盘点、继任计划、劳动力规划等人才管理举措中使用员工的胜任力数据。

员工的胜任力数据不可以被用在以下场景中：

- 不可作为绩效考核的依据，绩效只能参照预设的 KPI 或 OKR 来考核。
- 不可作为唯一或主要标准直接应用于员工的末位淘汰。
- 不可作为单一标准应用于衡量员工涨薪或晋升。

总而言之，员工的胜任力数据非常重要，但不可胡乱使用。对于人才的判断，应是人才管理能量内环三个核心共同运作的结果。

胜任力管理流程的四个步骤

胜任力管理通常是每年进行一次的年度管理流程。胜任力管理流程可以分为以下四个步骤（见图 3-9）。

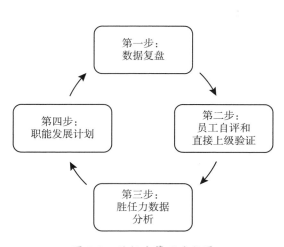

图 3-9　胜任力管理流程图

第一步：数据复盘

在阐述每个阶段具体内容之前，我们需要先明确两个在国内企业之中还未普及的角色概念。首先，实施胜任力管理流程的企业都有完善的岗位胜任力模型，有些企业只针对部分岗位搭建了胜任力模型，有些企业几乎对所有岗位都搭建了相应的胜任力模型。在完成胜任力建模之后，每一个岗位胜任力模型都分配了一个岗位专家（Subject Matter Expert，SME），这个岗位专家被称为该岗位的岗位所有者（Role Owner）。相应地，每一项胜任力也会有一个所有者，被称为胜任力所有者（Competency Owner）。这两个角色本身是相应的专家，其主要责任就是维护和更新所负责的岗位或胜任力模型的内容。

胜任力管理流程的第一阶段通常在第三季度启动，全程由人才管理专员主导，由各个职能的岗位所有者和胜任力所有者审查他们所负责的内容，以确保胜任力模型与业务需求保持一致。

在此期间，胜任力所有者可以协同人才管理专员一起更新调整陈旧的内容，也可以创建新的岗位胜任力模型。具体工作内容有以下三项：

- 岗位胜任力模型的修订。
- 胜任力及其熟练等级相关内容的修订。
- 员工与岗位匹配的数据修订。

通过第一步的数据复盘，企业可以确保每一年在进行员工自评之前，所有岗位胜任力模型的内容都被复查并更新过。事实上，在实操过程中，每一年需要更新的内容非常少，大多数情况都是添加一些新的胜任力，对更多岗位或新设置的岗位进行审查，这类新增内容多源自科技进步与时代变化产生的新需求。紧接着进入第四季度，胜任力管理流程也会进入第二步。

第二步：员工自评和直接上级验证

胜任力管理的第二步为员工自评和直接上级验证，通常发生在每年的第四季度。第二步是胜任力管理四个步骤中最为显性的一个。在这个步骤中，员工会在胜任力管理系统中完成自评，然后直接上级会完成数据验证，并在之后与员工进行一对一的胜任力沟通。这个过程与绩效考核的流程非常类似，事实上胜任力沟通通常发生在绩效考核的一对一沟通之前，也为绩效考核做了前期铺垫。

直接上级与员工之间的胜任力沟通主要旨在明确员工未来的发展计划，沟通包含以下内容：

- 直接上级和员工要深入探讨胜任力等级评价差异的部分，并最终对评价结果达成一致。
- 根据业务需求，对有差距的胜任力划分优先级，确定哪些胜任力优先解决差距或提升。
- 根据胜任力差异报告以及胜任力的优先级，同意员工在未来一年的个人发展计划中匹配相应的组织资源，并给予鼓励。

职能领导小组在这个过程中也会重点验证那些特定胜任力被评为专家级别的优秀个人。

自此，我们会在年底前获得本年度的员工胜任力数据，并筹备转年第一季度的胜任力数据分析。

第三步：胜任力数据分析

在胜任力管理流程中，除了第二步涉及员工与直接上级，其余三个步骤都是在幕后由人才管理团队主导的。胜任力数据分析主要指各个职能部门会对上一年度的员工胜任力数据进行分析，并从中获得：

- 现有职能部门所具备的专业知识、技能等信息。
- 现有职能部门内低于预期的胜任力等级差距。

第四步：职能发展计划

基于胜任力数据分析，各个职能部门会结合本部门的业务目标和员工的胜任力现状来筹划新一年度的组织发展规划，并制定相关预算。无论人才招聘还是人才发展，都是为了确保职能团队能够及时地满足业务需求。

职能团队需要回答以下三个问题：

- 企业成功还需要人才有哪些胜任力？
- 我们现在的人才能满足这些需求吗？
- 如何快速填补胜任力等级差距？

胜任力管理流程的出现，是一家企业人才管理成熟度的重要里程碑。现在大多数中国企业还需要依靠人才盘点来应用胜任力模型对人才进行评价，而这个评价过程几乎完全依靠人才管理专员进行行为事件访谈来完成。而实施了胜任力管理流程的企业，几乎培训了所有管理者如何应用胜任力模型来评价自己的下属，这实际上是一个长期且近距离的行为事件观察的过程。可想而知，如果能做到这一点，人才识别的效率将达到一个新的高度。对于这样的企业，人才管理能量内环的三个核心数据质量都会非常高，这也为人才管理能量外环的九个应用场景提供了充足的养分。事实上，胜任力管理流程的第四步便是内环供给外环的典型例子。

人才测评：辅助预测人才潜力

第一节　人才测评的概念与价值

人才管理能量内环的三个核心都是为了对人才有一个科学准确的评价。如果说胜任力管理是在评测员工当前各项工作能力的水平，绩效考核是在呈现员工在当前岗位上的业绩完成情况，那么人才测评就旨在预测员工的潜力，看他在未来可能走多远。

什么是人才测评

人才测评是"通过一系列科学的手段和方法对人的基本素质及其绩效进行预测的活动"。人才测评试图通过心理测试、情景化测试等方式观测人才的价值倾向，通俗来讲，就是你以为你会怎么做。人才测评是一个既古老又年轻的概念，我国最早的人才测评可以追溯到一千多年前的科举制度，甚至更早就有了"询事考言"。而我们所熟知的以现代心理学为基础的人才测评理论则是 20 世纪初才发展起来的。

正因为人才测评所独有的预测能力，而且相较于胜任力管理等人才管理技术，人才测评的实际操作要简单得多，深受国内外企业的偏爱。国内企业通常应用人才测评来挖掘内部的高潜人才，为了能够有的放矢。人才测评尤其在应届毕业生选拔中的应用更为广泛，提前识别，定向培养，从而加速人才的潜力转化为能力。

E公司是一家非常注重内部人才培养的企业，每年都会通过校园招聘吸纳超过2000名不同专业的应届毕业生。E公司内部力求90%的基层、中层岗位能够由内生型人才来填补，而不是一味地通过猎头进行外部招聘。

那么有一个切实的选拔难题摆在企业面前：对于应届毕业生的判断不同于社会招聘人员，他们大多数没有任何工作经验，只有过往求学阶段少量的学生活动经历，招聘人员很难从短短的一场面试沟通中验证他们的各项工作能力。

通过多年的研究积累，E公司已经找到了有效且性价比高的测评方式来识别优秀的应届毕业生。它们是怎样做到的呢？

简而言之，E公司选拔应届毕业生主要是应用行为面试和人才测评有效结合的方式。行为面试的问题与人才测评的维度选取都是基于E公司多年的数据分析来定制化设计的。E公司在最初选取了25个基于组织需求的测评维度，再通过对比分析法，对每年招聘的应届毕业生进行跟踪评测（见图4-1）。图中的数据是针对已经工作三年的某年招聘的应届毕业生的测评分析，其中柱状图代表了所在行业的平均分数，A 线代表了表现优异组的测评得分均值，而 B 线代表了表现普通组的测评得分均值。分组主要依据的是个人过往绩效与晋升的情况。

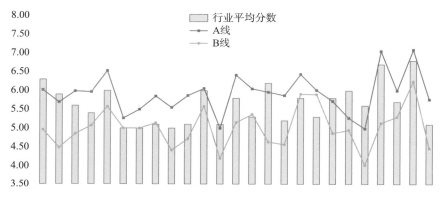

图 4-1 应届毕业生的人才测评数据分析图

基于 E 公司多年的数据分析结果，有 7~10 项测评维度在两组间的差异较为明显，且在多次分析中呈现比较一致的结果，如心态乐观、克服困难、全身心投入等维度。E 公司就可以选择这些维度作为选拔指标，在校园招聘中使用。

这样的人才测评不但能在招聘过程中有效地识别人才，而且能帮助企业在逐年积累的数据分析过程中不断完善符合组织需求的选人标准。这类人才测评工具还有很多，而且分门别类、各有侧重。

人才测评预测潜力，而非工作能力

重要的事情说在前面，管理者需要谨记人才测评预测的并非真实的工作能力，而是人才的潜力。我们经常听到用人部门评价某位员工有发展潜力、成长空间之类的话。那么何为有潜力？

潜力是一个针对人才未来的预判，而且这个预判仅仅依据当下这个时间点上的测评数据，绝不能给被测评人的一生盖棺定论。不同于一成不变的机器，人是持续变化的。事实上，人体内 98% 的细胞会在 120~200 天之后更新。从这个角度来看，今天的你和去年今日的你已经不能称之为同一个体了。每个人的成长速度以及成长轨迹都是不同的，加之身边的变化会影响个体，每个个体的人生体验又千差万别，很多人都有潜力，但很少人将其成功地转化为能力。潜力转化成能力是需要一系列催化剂的。

人才测评的实用价值非常突出，尤其是在无法依托胜任力得到有效行为数据的情况下。除却 98% 会在 120~200 天内更新的细胞外，剩下的 2% 的细胞，主要是大脑的神经组织细胞，而它们会潜移默化地影响到个体的一生。如果我们具有相对准确的办法或工具来识别一个人的潜力，就会降低"错付"错误判断的概率，甚至避免产生不可挽回的损失。人才测评旨在解决人才潜力识别的问题。

第二节　人才测评的分类与应用

人才测评并非高新科技，它其实是人力资源管理领域的一项传统技术。有很多人认为人才测评仅仅等同于心理测验，其实不然，心理测验只是狭义上的人才测评工具，而且心理测验大多数是自陈式测评。从广义概念来讲，按照测验的方式来进行分类的话，人才测评还

有情景模拟、无领导小组讨论、公文筐测验等情景式测评工具，以及
360 度评价等他评式测评工具，这些都是人才测评工具大家庭里的成
员。人才评价中心更是集各类人才测评工具于一体的综合体。

在本节中，我们先聚焦在狭义的人才测评工具，也就是我们常提
到的心理测验。下面将要介绍的这些人才测评工具都有着雄厚的数据
底蕴支撑，一些新的人才测评工具以它们为基础，但是这些人才测评
工具很难被超越。

我们依照人才测评的发展进程以及测评维度，将各类人才测评工
具粗略地分成以下三类（见图 4-2）。这三类人才测评工具分别聚焦
冰山的不同层次，其中第一类智力测评和第三类动机测评多应用于应
届毕业生，而第二类个性测评的应用最为广泛，我们会着重介绍。

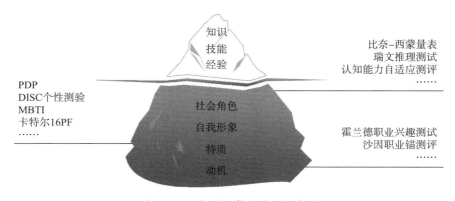

图 4-2　人才测评常见的三大类型

智力测评盛极一时

智力测评也是最早出现的近代人才测评工具。其测评目的非常简

单直接，就是判断一个人的智商高低，也就是所谓的人是否聪明。世界上第一个智力量表由法国心理学家比奈和助手西蒙于 1905 年编制而成，后人称之为比奈 – 西蒙量表。他们发现学堂上的孩子们学习知识的能力有很大的差别，有些孩子比较聪慧，新知识一学就会，也有一些孩子不容易跟上整体的学习进度。基于这样的观察，他们开发了史上第一个测评人类智力的标准工具。

后来第二次世界大战爆发，军队在选士兵方面犯了难。士兵既需要快速理解长官的战术布置，又需要能够熟练掌握杀伤性武器，这对士兵的理解能力和逻辑推理能力都有一定的要求。比奈 - 西蒙量表是文字考试，而应征入伍的人当中有好多都没读过书，并不识字。这可怎么办？于是英国心理学家 J.C. 瑞文在 1938 年设计了瑞文推理测试（Raven's Progressive Matrices，RPM），用来测评一个人的观察力及清晰思维的能力。这项测试通常以一串图形的形式出现，然后要求被测评人推理出下一个图形是什么（见图 4-3）。很多考过公务员的朋友都知道行测题，其中有一些就与瑞文推理测试的题目非常类似。瑞文推理测试最开始的版本是 60 道题，如果能达到 58 分及以上，就说明本人非常聪明。瑞文推理测试最大的亮点就在于通过非文字的形式极力去除受教育程度不同带来的影响，力图更加公平。

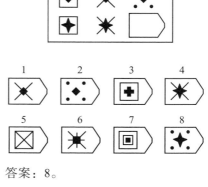

答案：8。

图 4-3　瑞文推理测试样题

这些智力测评工具都是在测评人的认知加工能力，如果把人比作一台电脑，那么智力测评查看的就是电脑的硬件，例如 CPU 的处理速度、硬盘的存储空间等。在当年，智力测评大行其道，在企业中得到了广泛应用。而随着人类社会越来越文明，智力测评在员工公平性方面存在着极大的争议，也涉及个人隐私权，所以今天这些智力测评工具已经很少应用于各大企业的人才选拔了。不过还是有一些智力测评工具的改良版被企业所应用。譬如某咨询公司开发的"认知能力自适应测评"，就在校园招聘中得到企业的青睐，被广泛应用。

该认知能力自适应测评主要聚焦语言能力、数学能力、逻辑推理和空间思维四个评估维度。所谓自适应测评就是根据候选人能力水平实时抽取最适合的题目，在确保测量效率的同时，降低了作弊的可能。另一个典型的例子是经企管理研究生入学考试（GMAT）。据官方宣称，该人才测评工具"能够预测管培生入职 2 年后的绩效，预测效度为 0.32"。

个性测评风靡国内

随着人才测评领域的不断发展，第二类人才测评主要聚焦在人的自我意识层面，如社会角色、自我形象等。这类人才测评工具是当下企业应用的主流测评工具，也是我们常听到的个性测评。

下面我们来看一个个性测评的例子。

一个人的性格或者风格可以被划分成不同类型吗？

如果能够提前了解一个员工的性格倾向或者行为风格，确实可以更好地发挥员工的优势，并且有的放矢地发展有潜力的员工。那么有哪些被广泛应用的工具可以了解一个人的行为风格呢？

下面列有 30 个小问题，每个问题都有 5 个答案，每个答案对应 1~5 分的分值，即：

A：非常同意 （5分）	B：比较同意 （4分）	C：差不多 （3分）	D：略表同意 （2分）	E：不同意 （1分）

1. 你是一个做事值得信赖的人吗？

2. 你性格温和吗？

3. 你有活力吗？

4. 你善解人意吗？

5. 你独立吗？

6. 你受人爱戴吗？

7. 你做事认真且正直吗？

8. 你富有同情心吗？

9. 你有说服力吗？

10. 你大胆吗？

11. 你追求精确吗？

12. 你的适应能力强吗？

13. 你的组织能力强吗？

14. 你是否积极主动？

15. 你害羞吗？

16. 你强势吗？

17. 你镇定吗？

18. 你善于学习吗？

19. 你反应快吗？

20. 你外向吗？

21. 你注意细节吗？

22. 你爱说话吗？

23. 你的协调能力强吗？

24. 你勤劳吗？

25. 你慷慨吗？

26. 你小心翼翼吗？

27. 你工作时令人愉快吗？

28. 你传统吗？

29. 你亲切吗？

30. 你工作足够有效率吗？

被测评人在回答以上问题时要遵从本心，诚实回答你认为自己是怎样的，而不是依据别人眼中的你来判断。那么你心中的自己是怎样的呢？

行为风格是指一个人较擅长的做事风格。这个测评工具根据上述30道问题的得分情况，将不同的行为风格分成五个类别，分别用五种动物代表。这就是我们熟知的行为特质动态衡量系统（Professional Dyna-Metric Programs，PDP）。

PDP

PDP 是一个用来衡量个人的行为特质、活力、动能、压力、精力及能量变动情况的系统。PDP 基于测试结果将人分成了五种类型，分别是支配型、外向型、耐心型、精确型、整合型；为了将这五种类型的行为风格形象化，PDP 根据各自的特点，又用了以下 5 种动物来代表："老虎型""孔雀型""考拉型""猫头鹰型""变色龙型"。PDP 问卷可以说是在众多经典人才测评工具中相对简单直接的，但是多年的数据积累使得这一工具得到充分的验证。

其使用方法也非常简洁易学，分值的计算方式如下：

- 第 5、10、14、18、24、30 题的分值加起来代表"老虎型"的分数。
- 第 3、6、13、20、22、29 题的分值加起来代表"孔雀型"的分数。
- 第 2、8、15、17、25、28 题的分值加起来代表"考拉型"的分数。
- 第 1、7、11、16、21、26 题的分值加起来代表"猫头鹰型"的分数。
- 第 4、9、12、19、23、27 题的分值加起来代表"变色龙型"的分数。

假如被测评人某一类型的分数远高于其余四项，那么说明被测评人属于这个类型的典型代表；假如被测评人有某两类型的分数明显超过其余三项，那么说明被测评人是这两种类型的综合；假如被测评人各个类型的分数都比较接近，那么说明在被测评人的认知里，自己的行为风格应该是面面俱到的。

DISC 个性测验

与 PDP 相似，DISC 个性测验试图通过一系列描述个性特质的形容词，将人的个性体现在四个测量维度上，分别是支配性（D）、影响性（I）、稳定性（S）和服从性（C），从中我们可以了解被测评人的情绪稳定性及领导素质等。如 DISC 个性测验的部分样题所示（见表 4-1），通过被测评人基于个人的理解选择不同的选项，最终会在四个测量维度上反映出自身的倾向性。

表 4-1　DISC 个性测验部分样题

第一组
1. 富于冒险：愿意面对新事物并敢于下决心掌握——D
2. 适应力强：轻松自如适应任何环境——S
3. 生动：充满活力，表情生动，手势多——I
4. 善于分析：喜欢研究各部分之间的逻辑和正确的关系——C
第二组
1. 坚持不懈：要完成现有的事才能做新的事情——C
2. 喜好娱乐：开心，充满幽默感——I
3. 善于说服：用逻辑和事实而不用威严和权力服人——D
4. 平和：在冲突中不受干扰，保持平静——S
第三组
1. 顺服：易接受他人的观点和喜好，不坚持己见——S
2. 自我牺牲：为了他人利益，愿意放弃个人意见——C
3. 善于社交：认为与人相处很有意思，而不是挑战或者商业机会——I
4. 意志坚定：坚持以自己的方式做事——D

事实上 DISC 个性测验的出现时间很早。DISC 个性测验是由美国心

理学家威廉·莫尔顿·马斯顿博士（Dr. William Moulton Marston）设计完成的，值得一提的是，马斯顿博士还是著名漫画作品《神奇女侠》的作者，其中主角神奇女侠所使用的武器被称为真言套索，作用顾名思义。

　　DISC 个性测验不但被应用于测评人才的行为风格，而且被广泛用于人才的培训与发展领域。因为 DISC 个性测验的应用简单直接，结果也比较好解析，部分解析如图 4-4 所示，所以它是一个值得推荐的人才测评工具。当然，这个工具可以帮助员工了解自己，但是不建议企业直接拿来比较不同员工的 DISC 测评结果分值。这个分值仅代表被测评人的个体倾向性，与能力无关，此外，分值的差异也会受多种因素的影响，不宜用于人才之间的横向对比。

D：支配型，控制者 高 D 型的人可以被称为"天生的领袖" 描述性词语： 　积极进取、争强好胜、强势、爱追根究底、直截了当、主动的开拓者、坚持意见、自信、直率	I：活泼型，社交者 高 I 型的人通常是较为活泼的团队活动组织者 描述性词语： 　有影响力、有说服力、友好、善于言辞、健谈、乐观积极、善于交际
S：稳定型，支持者 高 S 型的人通常较为平和，知足常乐，不愿意主动前进 描述性词语： 　可靠、深思熟虑、亲切友好、有毅力、坚持不懈、善倾听者、全面周到、自制力强	C：完美型，服从者 高 C 型的人通常是追求完美的专业型人才 描述性词语： 　遵从、仔细、有条不紊、严谨、准确、完美主义者、逻辑性强

图 4-4　DISC 个性测验部分解析

MBTI

　　相较于 PDP 和 DISC 个性测验，迈尔斯 - 布里格斯类型指标（MBTI）更常用于收集人才管理能量内环之中的人才测评数据。MBTI 同样有着深厚的理论基础与经年的数据积累。它是以著名心理学家卡尔·荣格先生划分的八种心理类型为基础，由美国作家伊莎贝尔·布里格斯·迈尔斯和她的母亲共同编制完成的心理学量表。这对母女开发 MBTI 测评工具的目的是帮助第二次世界大战后走出家门的女性更好地选择合适的职业，所以 MBTI 也常被用于职业生涯规划。

MBTI 在人才测评中主要用于了解被测评人的行为风格、职业适应性和潜质等，基于测评结果，有些版本的报告还会提供合理的工作及人际决策建议。MBTI 主要评估精力来源、认知方式、决策方式、生活方式这四个维度，每个维度包括两个类型指标，具体如下：

- 精力来源：外向（E）和内向（I）。
- 认知方式：感觉（S）和直觉（N）。
- 决策方式：思考（T）和情感（F）。
- 生活方式：判断（J）和知觉（P）。

这八个类型指标两两组合，形成了 16 种性格类型，每一种性格类型都具有独特的行为表现和价值取向，并且类型划分更为细致。实际上这种划分方式已经是为了更方便地诠释测试结果而做的简化处理，每个人在这八个类型指标上都会有不同的权重，不同的权重会导致不同的表现。

如 MBTI 部分样题所示（见表 4-2），较之 PDP 和 DISC 个性测验，MBTI 的问题设计有意规避被测评人直接给出结论，而是将一系列虚拟场景中被测评人选择的行为动作作为答案，这样能更有效地规避被测评人主观臆断或有意误导带来的低准确性问题。

PDP、DISC 个性测验和 MBTI 这三种个性测评在世界上的普及程度是非常高的，虽然针对这些工具的可靠性方面业界一直争论不休，但是众多企业仍愿意引进这些测评工具来作为辅助材料，或者当作员工职业规划的福利。还有一些诸如卡特尔 16PF、大五人格量表等工具，都曾风靡一时，可能是因为题量较大或者解析困难，普及程度稍逊色一些。另外，一些新兴的人才测评工具，如 SHL、北森等咨询公司开发的各类测评工具，更专注于企业的人才选拔，在常模数据方面也有持续的投入，值得企业尝试。

人才测评工具需要坚实的理论基础，更需要得到数据验证，例如统计学上的信度、效度，这些都需要得到专业验证。所以，在无法判断人才测评工具质量的情况下，企业尽量不要选取市面上所谓的经典工具简化版，或者一些沉淀不够的原创人才测评工具。企业管理者毕竟不是心理学家，很难判断这些所谓的简化版或原创人才测评工具是否经得起长期的考验。

还需要注意的是，虽然市面上有些咨询公司试图将这类人才测评工具描述成能够评估胜任力的工具，但是其本质仍是预测个体的潜力，判断被测评人的个体倾向是怎样的，这与被测评人是否真的具备某项胜任力并非同一件事。当然，人的自我意识一旦到了成年阶段就会相对稳定，所以基于自我意识的预判的确相对准确。这也是此类人才测评的价值所在。

表 4-2　MBTI 部分样题

序号	问题	选项	E	I	S	N	T	F	J	P
1	当你要外出一整天，你会：A. 计划你要做什么和在什么时候做；B. 说去就去	A							○	
		B								○
2	你认为自己是一个：A. 较为随兴所至的人；B. 较为有条理的人	A								○
		B							○	
3	假如你是一位老师，你会选教：A. 以事实为主的课程；B. 涉及理论的课程	A			○					
		B				○				
4	你通常：A. 与人容易混熟；B. 比较安静或矜持	A	○							
		B		○						
5	一般来说，你和哪些人比较合得来：A. 富于想象力的人；B. 现实的人	A				○				
		B			○					

动机测评在职业生涯领域发挥着不可限量的作用

有些人想做财务，有些人想做销售，还有人想当演员……两份同样是月薪五万元的工程师工作，有人会选择 A，也有人会选择 B。为什么大家的选择会各不相同？越来越多的人意识到职业的选择对于人的一生是多么的关键。工作多年的人大多数有所感悟，工作一定不是单纯为了满足物质需求，而是还有其他不能放弃或者割舍的东西，也许是出于兴趣、时间、健康方面的考虑，因人而异。

究竟是什么因素影响着每个人的选择呢？最底层的因素便是人类各种各样的动机。第三类人才测评就是聚焦这冰山之下最底层的动机来进行探索的，目前对于初入职场的人应用较多，例如知名度比较高的霍兰德职业兴趣测试。这项测试是由美国职业指导专家霍兰德根据大量的职业咨询经验及其职业类型理论编制的测评工具。其核心逻辑是兴趣与职业存在内在联系，所以根据兴趣的不同，霍兰德将人格分为研究型（I）、艺术型（A）、社会型（S）、企业型（E）、传统型（C）、现实型（R）六个维度，每个人的性格都是在这六个维度上体现的不同数据组合。

还有沙因职业锚测评也被广泛应用于职业选择方面的人才测评。图 4-5 的类型分布图样例来自一份系统自动生成的职业锚测评报告，从中可以看出，沙因职业锚测评与霍兰德职业兴趣测试的不同之处在于，除了兴趣之外，同样强调价值观、能力与职业选择的关系。当然正如前面多次强调的，无法分析过往的有效行为，就无从判断人的能力，沙因职业锚测评仍然是试图去预测个体的兴趣与能力。

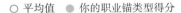

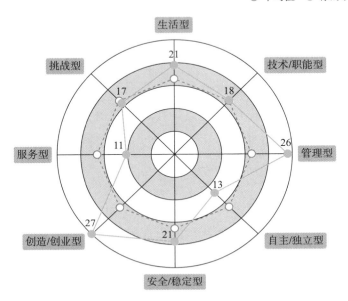

图 4-5 沙因职业锚测评报告中的类型分布图样例

企业不能用的测评工具

过往几十年间，国内企业野蛮生长，发展迅猛，催生了非常多的人才管理需求。本土咨询公司也如雨后春笋般应运而生。客观来讲，因为企业管理者和人力资源从业者的专业水平有限，国内咨询行业仍处于发展期，还未形成严格的行业行为标准，所以偶尔会出现一些有失水准的案例。

多年前我曾了解到某国内知名咨询公司应用房树人测验为企业做人才盘点，而实施测验的人并无深厚的心理学背景。这是非常不负责任的行为，无论是对企业还是对企业的员工都是如此。图 4-6 所示的三类测评工具就不能应用于员工的人才测评，原因如下。

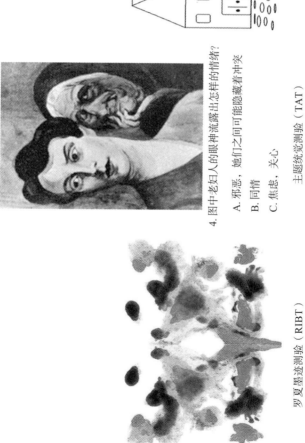

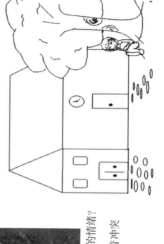

房树人测验（HTP）

4. 图中老妇人的眼神流露出怎样的情绪？
A. 邪恶，她们之间可能隐藏着冲突
B. 同情
C. 焦虑，关心

主题统觉测验（TAT）

罗夏墨迹测验（RIBT）

图 4-6　企业不能用于人才测评的测评工具

首先，罗夏墨迹测验、主题统觉测验以及房树人测验都是投射性心理测验，主要应用于临床心理学，通过被测评人对图片或者绘画的解读，来剖析被测评人的心理状态，判定被测评人的心理活动是正常或异常，为临床的心理问题诊断和治疗服务。简而言之，这类测验更多时候是用于有潜在心理疾病的患者，而非普通人群。

其次，之所以产生了这种投射性心理测验，是因为自陈式测评工具过于依赖被测评人主观答题的过程，而投射性心理测验正好相反，它主要依赖于测评人的主观解释过程。然而假设测评人比被测评人更可靠是不合理的。而且这个过程对测评人提出了非常高标准的专业要求，即使是心理咨询师也未必有把握用好这些工具。不排除有非常专业的心理学家团队协助实施这类投射性心理测验的情况，但是客观来讲，目前许多咨询行业的从业人员都无法熟练使用 MBTI 等人才测评工具并解析其结果，更别提房树人测验这类临床心理学工具了。

人才管理领域的错判不但会害员工被"草菅人命"，而且会让企业蒙受难以估计的损失。所以各位管理者还是要在有效应用人才测评工具的同时，尽量规避风险。

第三节　人才评价中心

什么是人才评价中心

心理测验作为常用的人才测评工具固然有诸多优势，譬如内容统一固定、操作简单方便等。但这类人才测评工具也有很多限制，譬如高度依赖被测评人的认知能力以及个人诚信。如何提高人才测评的准确性呢？人才评价中心因此而产生。

人才评价中心又称为人才测评中心、人才评鉴中心等，它是一个组合搭配各类人才测评工具的综合体，包括人才测评问卷、无领导小组讨论、公文筐测验、案例分析、模拟会议等。人才评价中心的设计逻辑就是通过组合叠加多种测评技术的方式来得到多维度、多角度的测评数据，从而提高人才测评的准确性。

人才评价中心会用到哪些人才测评工具

自陈式测评

在上一节里我们着重阐述了 MBTI、DISC 个性测验、PDP 等人才测评工具，这些都属于自陈式测评工具。自陈式测评多以问卷的形式呈现，常见的问卷样题类型有 5 点式量表（见表 4-3）、迫选式问题（见图 4-7）、情境式问题等。

表 4-3　5 点式量表

问题	非常不同意	比较不同意	不好确定	比较同意	非常同意
我外出旅行时通常会做详细的计划	①	②	③	④	⑤

左	1	2	3	4	5	右
我通常会与别人争论， 表明自己的观点。						我不能忍受任何争论。

图 4-7　迫选式问题

情境式问题样题如下。

> 　　一个同事老是找你借东西，但总是有借无还。这一次该同事
> 又找你借东西，你会怎么做？
> 　　A.找个理由拒绝借给他，他已经给你带来很多麻烦了。
> 　　B.告诉他："我得花大量时间去找你曾借走的东西，这给我带
> 来很多不便。"
> 　　C.告诉他："你以前借了我的东西却很少还，所以这次我不能
> 借给你。"
> 　　D.告诉他："如果我是你，就不好意思再来借了。你已经给我
> 带来很多麻烦了。"

　　在选择人才测评工具的时候，试题形式也是衡量标准之一。较之
其他试题类型，迫选式问题能够更有效地降低被测评人主观操控问卷
结果的可能性。

　　事实上除了上述各类心理测验，述能演讲答辩也可以归类为自
陈式测评。述能演讲答辩是一种聚焦能力阐述的演讲方式。演讲人通
过专业题目快速展示其被考察的素质项的关键特征。被测现场通常会

预先准备好难、中、易 3 种不同水平的试题，要求被测评人花 3 分钟准备，花 15 分钟演讲，花 5 分钟答辩。现场评委依据对试题的解答阐述来评定被测评人的潜力。演讲答辩的形式在企业中应用是非常广泛的，只是很少有企业是从人才测评的角度聚焦述能来进行演讲答辩的。如若操作不当，很容易沦为普通的工作汇报。

情境式测评

因为自陈式测评工具大多数比较依赖被测评人主观答题的过程，被测评人的认知能力与诚实程度都直接影响着人才测评的结果，所以开发出了情境式测评。情境式测评顾名思义，是设置一个工作相关场景，并让被测评者参与其中，通过观察被测评者的行为反应，依据提前制定好的评价标准来进行人才测评的技术。

情境式测评是人才评价中心的重要组成部分，常用的情境式测评技术有以下六种。

团队任务：以团队共同的力量完成一项具体的任务，在过程中有评委进行观察，然后评委再通过团队任务评分表（见表 4-4）等工具给予每一位参与者相应的评分。典型代表是在校园招聘中广泛应用的无领导小组讨论。

情景模拟：根据目标岗位的工作职责，编制一套与该岗位工作内容相关的测评题目，让被测评人置身于模拟的工作场景中处理这些题目，通过观察整个处理问题的过程来测评被测评人的心理素质、潜力的方法。

表 4-4 团队任务评分表样例

团队任务评分表					
序号	姓名	潜力评价			整体评价
		开拓创新	规划执行	团队协作	
1					
2					
3					
4					
5					
小组整体评价					评委签名：

评分说明：根据关键行为出现的个数（正面行为加分，负面行为减分），综合行为重复频次、表现程度和整体印象进行打分

评分等级：A 为表现优秀；B 为表现良好；C 为表现达标；D 为表现较差

　　情景模拟通常会为被测评人提供一个模拟的工作场景，提前给定背景和目标岗位的相关信息，需要被测评人按照既定的日程安排，在规定的环境中完成各个活动环节。情景模拟中经常出现的活动环节包括与上级沟通、跨部门寻求合作、与下属进行工作分配或绩效沟通等，因目标岗位职责的需求，也会安排客户、稽查机构到访等活动环节。评委会从不同的角度对被测评人进行观察，并详细记录其言行举止，形成人才测评最终数据。情景模拟最典型的例子是"总经理的一天"，通过模拟总经理早上 8：00 到晚上 8：00 的日程安排对被测评人进行观察。

　　角色扮演：这项技术同样是让被测评人代入真实的工作情境，

考察被测评人解决实际问题的能力。角色扮演较之情景模拟体量少，大多数角色扮演的规模仅相当于情景模拟中的一个活动环节（见图 4-8）。

紧急会议——摇摆不定的大客户	
模拟方式：各部门小组成员在会议室	时长：2.5 小时
会议主题： 　有意向与公司签署战略合作的大客户突然改变了态度，一方面客户方负责人员发生调整；另一方面竞争对手正在积极争取该客户。新一轮的谈判即将开始，我们的对策是什么 　召开一个同级别管理者会议，所有与会人员需要在有限时间内达成共识，并提交一份完整的解决方案	能力观察维度： 商业敏锐度 沟通与说服 关系建立 领导力

图 4-8　角色扮演示例

案例分析：案例分析和情景模拟同为商学院教学的利器，既是优秀的培养手段，又是有效的测评技术。案例分析是为被测评人提供一个按照企业实际问题编制好的案例，通常包括一段背景资料和一个待解决的问题，要求被测评人根据案例提供的有限信息，依据个人的认知和经验积累，做出决策、给出评价或提出具体的解决方案。案例分析考察的是高层次的认知目标，不仅考察被测评人知识的掌握程度，还考察其运用知识的能力。

公文筐测验：将被测评人置于目标岗位的模拟环境中，由测评人提供一系列该岗位经常需要处理的文件，要求被测评人在一定的时间内和条件下处理完毕，并且以书面或口头的方式说明处理问题的原则和考量。

经营沙盘：主要是针对企业经营管理场景来设计的综合性项目，通过对企业年度运营流程进行模拟，将被测评人置身于开发的经营场景中，通过团队分工分组来竞技。在整个过程中，测评人不但能够观察到被测评人的经营思维、商业敏锐度、领导力等行为体现，而且能够帮助被测评人意识到自身的不足。

情境式测评的出现弥补了自陈式测评高度依赖被测评人的不足，但是情境式测评的缺点也非常明显。上述六种情境式测评技术都涉及工具内容的自行开发，其中情景模拟、案例分析的题库等对测评人的编撰能力要求极高。如果选择寻求乙方公司的帮助，又价格不菲。事实上，乙方公司又很少能够根据甲方公司的特定情境去定制化开发，所以会有很多"食之无味，弃之可惜"的鸡肋项目。这也是为什么很多公司都会应用各种人才测评工具，但使用人才评价中心的却寥寥无几。

　　F公司作为一家创立于1847年的老牌世界500强企业，一直聚焦于全球电子电器工程领域，在世界范围内确立了其领先的地位。F公司在产研发方面坚信科学至上，在人才识别方面也是如此，且投入了很多资源。

　　F公司是少有的在校招环节应用人才评价中心来识别有潜力的应届毕业生的企业。F公司在校园招聘上投入了很多精力，这也使得它的校园雇主品牌做得非常好，深受学生喜爱。

　　这家企业是如何在校园招聘中应用人才评价中心的呢？

F 公司每年会在春秋两季进行校园招聘，招聘人数并不算多，全年总计仅 100 人左右。F 公司的校园招聘项目有两种：培训生项目和实习生项目。培训生项目包括 SGP（S Graduate Program）管理培训生、销售培训生、研发培训生、商务培训生，以及少量人力资源培训生等。实习生项目主要是针对第二年才毕业的在校生，深受学生们的喜爱。F 公司希望通过实习生项目来帮助这些在校生提早准备好未来的角色转变，提高他们的工作能力。该项目并不需要候选人签署任何将来必须在 F 公司供职的保证，也因此得到了校方的高度赞赏。这两个校园招聘项目最为突出的特点就是在选拔过程中应用了人才评价中心，可谓独树一帜。

由于应届毕业生的过往经历普遍比较简单，缺乏足以判断个人能力的工作经验，择优录取的选拔难度较大，于是 F 公司针对应届毕业生的校园招聘应用了人才评价中心，预期在 1 天内通过无领导小组讨论、案例分析、演讲答辩等方式考察候选人的行为表现，从而选拔高潜力的应届毕业生。在换场间歇，F 公司还设置了专业考试来考查候选人的知识水平。最后通过类似闭门盘点会形式的共识会议，由诸位评委给出人才评价中心环节的最终得分，确定人选。

这个案例中的人才评价中心虽然不完善，但是对比其他校园招聘项目，人才识别的准确率得到了显著的提高。考虑到招聘人数和精力投入，性价比其实不高，但是如果更多地考虑雇主品牌的推广，确实效果显著。

360 度评估反馈法

之所以将 360 度评估反馈法单独提出，是因为这种测评技术极其重要且应用广泛。360 度评估反馈法也叫全方位考核法，是由被测评人及其直接上级、下属、同事甚至外部客户等利益相关者，从全方位、各个角度来匿名评价被测评人的方法。

有很多企业将 360 度评估反馈法应用于绩效考核、人才盘点等流程，这都是没有问题的，只是需要谨记 360 度评估反馈法是一个反馈工具，与其他人才测评工具一样为人才识别提供辅助数据。因为 360 度评估反馈法的参与人均是围绕着被测评人的利益相关者，很难保障每个人都是本着客观公正的态度来给予评价的，所以有以下三个原则要遵守，从而尽量保证测评的准确性。

首先，应用 360 度评估反馈法时必须保障全程的匿名和保密性。很多中国企业正是因为无法做到这一点，才导致如此优秀的工具在中国“水土不服”。

其次，参与人的选择需谨慎考虑。除了直接上级，其余各个维度尽量保证两个人及以上参与评价反馈。选择参与人并不是单纯看岗位是否符合，与被测评人的共事时间长短和关系深浅都是考量维度，譬如才认识两个月的下属不适合，认识一年但日常沟通甚少的同事也不是好的选项。企业应该尽量选择高度利益相关的角色参与这个过程。

最后，问卷的开发也需要注意以下三个方面。

（1）题目数量：问卷题目过多会使答卷人疲惫焦虑、注意力下降，从而影响评估质量；通常情况下，每个问卷题目应在 30 道以内。

（2）题目描述：问卷的题目必须是行为化的、贴近被测评人工作实际的，每一道题目只描述单一的、正向的行为，同时也避免使用修饰性词语。

（3）题目试测：问卷编制完毕后，可以通过自行试测或邀请他人试测的方式，体会答卷人的感受，检验题目是否容易被理解和评价。

人才测评有多准

无论是测评问卷，还是人才评价中心，选择人才测评工具时都需要有效衡量其可靠程度，也就是测评工具的效度和信度。所谓效度（Validity）即有效性，它指的是人才测评工具能够准确预测结果的程度；信度（Reliability）即可靠性，它指的是采用同一个测评工具对同一对象重复测验时所得结果的一致性程度。一份标准化心理量表的背后是需要大量的常模研究来保证其效度和信度的。本章介绍的人才测评工具均是历经考验的上乘之作，效度、信度均得到多次验证。

有许多关于各种人才测评工具的效度和信度研究，其数据虽然有些许不同，但是整体的结论是基本一致的。譬如 Anderson 和 Shackleton 的研究成果（见图 4-9），这两位专家在借鉴了多个国家的学术研究数据之后，以预测结果与实际工作绩效的相关系数作为效度指标，比较了各类人才测评工具的效度。

图 4-9 的研究数据表明了人才评价中心的人才识别能力是效果拔

群的，效度在 0.61~0.65 之间，请注意这里的人才评价中心是指组合
了各类人才测评工具的相对完整的综合体。该研究也证明了行为事件
访谈法的巨大价值，之所以其效度跨度较大，在 0.48~0.61 之间，主
要是取决于访谈人的专业水平与经验积累。值得注意的是，这项研究
的初衷是想通过严谨的效度分析来判断普通面试的价值有多大。所谓
普通面试指的是最常见的结构化面试，甚至不包括行为面试。多数国
内企业在招聘人员时仍然以结构化面试为主。

　　人才测评工具为人才的识别提供了非常宝贵的辅助数据，对人才
潜力的识别有助于预判员工在目标岗位的业绩表现，并为组织人员的
配置提供参考。

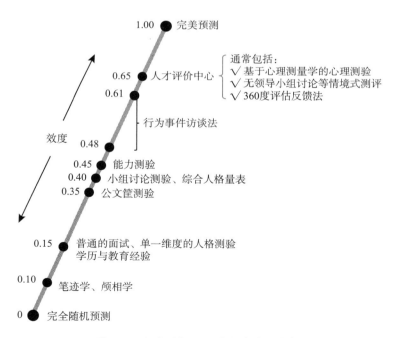

图 4-9　人才测评工具的效度对比分析

资料来源：Anderson & Shackleton，1993。

绩效考核：引领指标 vs 滞后指标

第一节　考核从来不是为了"奖惩"

为什么做绩效考核

在学习了胜任力管理与人才测评之后，我们对人才识别有了更深刻的理解和更强的信心。基于 Anderson 和 Shackleton 关于人才测评工具的效度的研究成果，人才识别的效度可以高达 0.65，甚至通过组合不同的测评工具能够得到更高的效度。当然，现实中的企业不得不考虑这方面资源投入的性价比。

企业自然不会为了识人而识人，人才识别的最终目的是选拔有能力的人，并把他放在合适的岗位上完成相应的工作。优秀的个人带来优秀的绩效成果，汇聚到一起成为组织绩效，最终助力企业的业务发展。个人绩效既是人才价值产出的成果体现，又是针对员工在既定工作目标下的评价反馈。作为连接组织效能与人才效能的重要节点，绩效考核也作为人才管理能量内环的最后一个组成部分连接着人才的评价与发展。

　　绩效考核旨在将个人业绩的考核结果应用于日常的人才管理活动，以此来激励员工持续改进业绩相关行为。绩效考核发生的前提是组织对战略目标的有效分解，只有个人目标被清晰明确地传达给了员工，绩效考核才有实施的价值。

　　正如胜任力聚焦于与工作业绩达成有着因果关系的可被测量的行为，绩效考核也需要聚焦于两点：第一，与工作业绩达成相关的个人目标；第二，重点关注后续业绩相关行为的持续改进。

引领指标 vs 滞后指标

　　考核指标有滞后指标和引领指标之分，在人力资源领域同样如此。所谓滞后指标，主要关注的是任务的最终结果，体现的是过往的业绩，例如经济领域的消费品价格指数、人力资源领域的离职率。引领指标关注的是任务过程中可以促使目标达成的事项，如行为、阶段性目标等，例如经济领域的股票价格指数、人力资源领域的高潜人才晋升率。

　　滞后指标顾名思义，我们得到数据的时候行为已经发生并得到了结果，所以这类指标总是滞后的。这种情况下，管理者几乎无法施加额外的影响。而引领指标就不一样了，引领指标关注的是目标达成的若干个子项，具有一定的预见作用，同时可以在过程中施加有效的影响。

　　那么个人绩效考核究竟是滞后指标还是引领指标呢？

绩效考核是为了员工持续的行为改善

绩效考核本质上是一个管理过程，而不仅仅是业绩结果的数据体现。这也是近年来很多企业都在强调"考核是其次的，绩效管理才是目的"的缘故。作为管理者，我们只需要了解绩效管理是针对绩效考核的端到端管理流程，从目标分解与设定开始，到后续的持续改进。另外，绩效管理所负责的范畴不仅仅是个人绩效，也包括组织绩效。它是一个像人才管理一样的独立领域，融合了如目标管理、薪酬激励管理、培训与发展等多个领域的技术，旨在改善并提高企业的绩效水平。可以说，绩效考核是绩效管理的核心，也是绩效管理流程中的一项重要组成部分。

虽然我们在识别人才时应用的主要是人才的绩效考核数据，但是在运行人才管理能量环的过程中，**绩效考核是很多人才管理能量外环应用场景的起点，而非终点。**无论是绩效考核还是绩效管理，企业从来都不是为了"奖惩"，本质目的都是员工持续的行为改善。所以，切勿将绩效考核作为滞后指标，它应该作为员工成长的引领指标。

G公司是一家经营百年的多元化企业，也是最早实施绩效考核的企业之一。这套以KPI为核心的绩效考核管理体系已经在企业中应用了几十年，但在最近几年似乎麻烦不断，让集团高管们不得不仔细分析究竟都出了哪些问题。

首先，大多数员工看不到绩效考核与企业成功之间的联系。整个G公司的员工都是应用传统的KPI在年初设定绩效目标的。

可是 G 公司的绩效目标缺乏自上而下的有效沟通，其结果就是总监及以上的管理者的 KPI 源自总部战略目标分解图，中层管理者及基层员工的 KPI 却几乎和上一年一样，都是日常管控指标，基本上和总部战略目标分解图的内容毫无关联。这种情况已经存在有些年头了，甚至大部分基层员工并不知道总部还有战略目标分解图。

其次，年初设定的绩效目标到了年中就不再适用，甚至有些方向都发生了巨大改变。像这种情况在公司内部比比皆是，尤其是对总监及以上的管理者而言。这些管理者每日疲于应对日常工作和频发的危机，几乎不会重新审视这些 KPI，直到年底的时候才发现有些目标已经"过期"，年终自评无从落笔。

最后，绩效沟通变成了"老大难"。这个难题像是流感一样，从未被消灭，无论人力资源部做多少次宣讲都无济于事。管理者不是忘记沟通就是有意回避，结果就是绩效沟通变成了一通电话、一封邮件，非常敷衍，沦为走过场。而绩效沟通的内容主体变成了传达绩效结果。要知道绩效考核的目的不在于考核本身，而是后续的绩效改进。绩效改进这个内容变得极度缺失。也正因此，绩效考核背负了莫须有的罪名——奖惩利器。

虽然绩效考核在 G 公司并不是个新流程，但是问题不少，需要抓紧时间救治。

上述这些由绩效考核引发的各种问题在企业中是很常见的。目前在国内，几乎所有企业都会做绩效考核，只是应用的工具不同。但也如上述案例一样，很多企业的各层管理者都对绩效考核提出了各种各样的问题。事实上，这些问题大多数是因为绩效考核实施过程中的原则不清产生的。譬如绩效沟通这个环节，管理者都知道个人绩效是需要做一对一沟通反馈的，但在实操过程中，很多企业内部都是做得不到位或者做不到的。还有许多企业都无法保障绩效沟通按时进行，更不要说沟通的质量。所以说，绩效考核可谓很多管理者最熟悉的陌生流程。

绩效考核实施之前，企业内部的管理者需要就以下三点达成一致。

首先，明确终极目的。绩效考核不是为了利益分配，更不是为了赏罚员工，而是为了促进企业与员工的共同成长。通过绩效考核的方式，发现个人待提升的问题，并协助员工进行行为改进。正因为如此，绩效沟通是绩效考核过程中最为关键的步骤，而反馈的关注点应聚焦在员工的胜任力发展上。

其次，确保目标统一。这里的目标统一是指企业的战略目标、组织的效能指标以及个人的绩效考核内容需保持一致、彼此关联。所有员工都是企业这艘大船的船员，若想让船飞速航行，就需要群策群力、目标一致。管理者需要让每一位船员都清楚地知道自己需要如何做到各司其职、各尽其责，才能确保整艘船按照既定航线航行。

最后，坚持有效沟通。清晰、及时的沟通应该贯穿绩效考核过程始终。各层管理者不但要在前期确保全体员工都清楚企业的战略方向与自己工作内容的关系，而且要在过程中不断反馈员工个人绩效情况，并协助员工成长。在组织层面，管理者也肩负着保持各方信息一致的职责，必要时及时调整团队的前进方向，确保组织绩效达成。有效的沟通可谓绩效考核成功与否的关键因素。

来自时代的挑战

当下国内有这样一种声音：一些新兴行业、企业或许完全不需要绩效考核或绩效管理，因为个人绩效的考核会影响到人才的满意度，并因此降低员工的主观能动性。在此，我们不去争论这种说法是否过于极端。企业在运行过程中，面临着各种各样的挑战，有些挑战来自外部的市场环境，有些源自内部的管理问题。无论面对哪种挑战，企业都切实地需要优秀的人才来解决这些关乎组织发展甚至存亡的问题。

首先，**企业战略无法有效落地**。正如第一章提及的本田问题，战略的重要性我们无须再次强调。随着工作经验与岗位视角的变化，高层管理者理应更加聚焦企业战略，他们都有切身体会。然而企业内部的大多数员工通常会认为企业的战略距离自己还非常遥远，这就导致企业的战略规划变成了空中楼阁，无法有效执行。夸张一点，统计一下该企业有多少员工真的清楚所在组织的战略方向，就可以在一定程度上判断一个公司内部的管理做得好不好。我们已经非常清楚战略、组织与人才之间的能量关系，战略与每一位员工息息相关应该是企业内部的共识，能否做到这一点很大程度上取决于绩效考核是否实施得当。

其次，**如何提高员工的执行力是企业面临的重要课题**。提高员工的执行力，就能够提高人均效能，这是一项直接助力业务的议题。不但要在文化、意识层面达成有关业绩导向的共识，而且要做好目标分解这样的实际操作步骤。姑且不谈战略目标分解，如果员工不清楚自己的个人工作内容与本部门业绩达成之间究竟有什么关系，他就会失去前进的动力；如果员工没有和部门负责人一起商议目标分解，他就无从知晓组织对他的期盼是什么。即便认可了组织的绩效文化，如果不能清晰地理解个人与组织目标之间的关系，员工们也会像无头苍蝇一样到处乱飞，无法形成合力。这显然与管理者的初衷相悖。另外，比起物质激励，很多优秀的人才更在意成就动机的满足。企业不但要清晰地表达员工工作的价值，而且要为他们提供合适的人才发展机会，让员工对未来有足够的想象空间。

再次，与日俱增的市场不确定性要求企业可以快速应对。VUCA时代，市场变得更加复杂且模糊不清。其实对高层管理者来说，他们所处的工作环境一直如此，唯一不变的就是变化本身。CEO的核心工作本来就是在模糊中快速做出正确的决策。但是近年来，这种状态变得更广泛、更有挑战性。变化多端的市场对企业的响应速度要求更高，已经不仅限于高层管理者需要接受这个试炼，连中层管理者甚至诸多基层管理者也要学会在模糊中前行。这就导致过去控制在顶层的压力在不断地向人才梯队下方蔓延，基层员工的工作场景更加艰难。这也是近年来职场哀号一片的原因之一，人们不得不承担更高的风险，用更多的付出来换取没有增加的利益。在这样的大环境下，有效的绩效管理能够减轻不少员工的负担，用良好的机制应对不确定性，正是管理的魅力之一。

最后，**传统绩效考核逐渐与时代脱轨**。年度目标设置的僵化、考核等级制以及令人胆战心惊的强制分布等绩效制度不但限制了员工的潜力挖掘，而且渐渐地被时代所排斥。这也是为什么有些人会认为新兴行业、企业不需要传统的绩效考核。不过目前来看，很少有企业真的不需要绩效考核，管理者们只是渴望更先进、更适用的考核办法。

第二节　绩效考核工具的持续创新

H 公司是一家新能源汽车制造商，最近该公司正在实施一种全新的绩效考核工具，它们称之为个人业务承诺（Personal Business Commitment，PBC）。这种绩效考核工具最早由 IBM 开发并使用，在国内也被华为等企业应用多年。如同众多绩效考核工具一样，PBC 也是基于企业的战略目标分解，通过管理与引导个人行为，来确保目标的达成的。

就在不久前，H 公司还在使用 OKR 作为企业内部绩效考核的工具。此次由 OKR 向 PBC 的转型引来内部争论不断。有人认为 PBC 与 KPI 非常相似，此次转型属于是"开倒车"。也有人认为 PBC 作为最新的绩效考核工具，已被国内外知名企业验证，这明显是一次绩效管理的升级。

在争议不断的情况下，H 公司还需要用时间来验证这次绩效考核转型举措的价值。

　　绩效考核的历史甚至久于人力资源管理, 最早可追溯至英国文官考核制度变革。而后历经百年, 随着管理大师彼得·德鲁克在1954年出版著作《管理的实践》, 并在书中首次提出了目标管理的概念, 绩效考核的工具就开始了不断地更新迭代。面对众多的绩效考核办法及工具, 企业要如何进行选择?

持续创新的绩效考核工具

目标管理

　　目标管理 (Management by Objective, MBO) 首次强调以目标为导向, 以人才为核心。该考核办法认为在企业目标得到有效分解的前提下, 员工可以依照个人目标来督促自己、管理自己。

　　聚焦绩效考核的视角, MBO有两个值得强调的创新。

　　首先, MBO解决了如何制定目标的难题。它明确了目标是什么、由谁来完成、达成目标的标准等, 以SMART原则作为目标内容的撰写标准。SMART原则旨在强调目标必须是具体的、可以衡量的、可以达到的、和其他目标具有相关性、有明确的截止期限。很多管理者不清楚如何制定一个好的目标, SMART原则的出现给了他们明确的指示, 也正因为如此, SMART原则很快成了全球企业目标制定的内容标准。

　　其次, MBO强调了员工参与管理的重要性, 并将个人绩效考核作为结果应用。这奠定了现代绩效考核的基础。因组织目标与个人目标之间的关系使得企业内部的每一位员工都与企业战略深度绑定，甚至会参与到各层级目标分解的讨论中去，这极大地提高了员工的主观能动性。而且最后的个人考核结果又会被应用到晋升、调岗等人才管理场景中，这也激励了员工以目标为导向努力。

事实上，MBO 发展多年，早已经成长为一个独立的管理领域。企业在绩效考核中仍会经常引入一些目标管理工具，如最早的 MBO 和时下流行的 OKR，这些本质上都属于目标管理工具。作为管理者，我们无须纠结工具的归属问题，学界也并没有泾渭分明的清晰界定。我们只需要认识到这些考核工具的特性和最佳适用场景，企业的绩效考核讲求的是量体裁衣、合理有效。

平衡计分卡

平衡计分卡（Balanced Score Card，BSC），强调从客户、内部运营、财务、学习与成长四个维度，将战略目标有效分解并进行考核。BSC 源自 20 世纪 90 年代初美国诺顿研究所的一项名为"未来组织绩效衡量方法"的研究项目。

BSC 打破了对单一财务指标进行绩效考核的困境，毕竟财务指标多为滞后指标，不具备对未来施加影响的条件。但加入了客户、内部运营及员工个人的学习与成长三个引领指标，就能够对企业的未来加以引导，四个指标之间的平衡不但将企业战略目标分解成一系列里程碑指标，而且能够在过程中检验战略执行的有效性。

相比于 MBO，BSC 关注结果的同时注重企业与员工未来的发展，有利于组织与人才核心能力的建设。

事实上，BSC 在企业之中应用得并不多，主要原因有两个方面。

第一，BSC 的信息收集和分析过程通常需要消耗组织大量的资源，保持 BSC 的内容更新就成了一个切实的难题。

第二，即使完成了 BSC 的信息收集和分析，它的目标分解过程也只会更加困难，譬如客户满意度、员工满意度相关的目标很难拆解成可执行、可量化的个人目标。即使部分目标可以进行分解，员工执行起来也难于监督考核。这也是为什么很多企业都是将 BSC 当作战略管理工具，而非个人绩效考核工具。

关键绩效指标（KPI）

关键绩效指标是目前国内企业的主流绩效考核体系。KPI 遵从二八原则，相信员工 80% 的工作是由 20% 的关键行为来决定的。KPI 试图将这些关键行为转变成可操作的、可衡量的绩效指标，从而提高绩效考核的效率，所以 KPI 比较注重指标的选取是否与关键行为相关。指标的个数一般控制在 5~12 之间，实际上越少、越聚焦，才会越有效。因为 KPI 的重要性与广泛应用，我们会在后面着重阐述KPI。

目标与关键成果（OKR）

目标与关键成果法先是一种目标管理工具，才是一种绩效考核工具。OKR 注重最终结果，也关注目标达成过程中的一系列关键性成果。OKR 的创立者是英特尔前首席执行官安迪·格鲁夫。他曾在《格鲁夫给经理人的第一课》中这样说：

要做好目标管理，你必须先回答以下两个问题：

1. 我想去哪里？（这个问题的答案便是你的目标。）

2. 我如何知道正朝着目标迈进？（这个问题的答案告诉我们沿途该验收的成果。）

OKR 不仅是一种工具，还是一种团队协作的思维模式。如果企业能够使用得当，它更可以成为一种激发人才去挑战自我的创新文化。OKR 比较适合创业公司或开发团队，谷歌、领英和 Facebook 都是 OKR 的使用者。

个人业务承诺（PBC）

个人业务承诺也称为个人绩效承诺。PBC 继承了 MBO 中强调员工参与的关注点，三类目标制定的过程就是员工深度参与目标分解与决策的沟通互动过程。员工需要通过与直属领导充分地一对一沟通来理解公司的战略目标和 KPI，并在此基础上和直属领导一起制定出自己的年度 PBC。PBC 要求员工对结果目标（W）、执行措施（E）和团队合作（T）三个层面进行承诺并努力兑现，通常的权重比例为 W 占 70%、E 占 20%、T 占 10%。PBC 是由 IBM 提出并应用的，而后又由 IBM 引入华为，华为对 PBC 工具进行了本土化改造，聚焦业务目标、管理目标和个人发展目标三类，激励员工自主承诺目标。虽然实施方式略有不同，但华为 PBC 的底层逻辑仍和 IBM 一致。

MBO 首次阐明目标设定的重要性，并强调员工的参与。BSC 打破了仅以财务滞后数据为指标的困境，扩张之后的 BSC 模型更是检验战略落地的有效工具。KPI 虽然先于 BSC 出现，但是 BSC 在绩效领域的昙花一现也促进了 KPI 的进步。KPI 秉承二八法则，进一步聚焦关键行为，设定关键业绩指标，得到了全球企业的广泛应用。但 KPI 的目标分解自上而下，很多时候无法顾及 MBO 强调员工参与的初衷，也无法适应 VUCA 时代诸多的新需求，于是灵活度更高的 OKR 和激发员工自主性的 PBC 横空出世。以上这些工具虽然各有侧重也各有创新，但是其流程都基本遵循 PDCA 闭环管理。

由"三足鼎立"到"两强争霸"，谁是最优解

KPI 的时代困惑

自 20 世纪 90 年代绩效考核进入中国至今，国内大多数企业仍以传统的 KPI 为主。事实上，汲取了 MBO 和 BSC 精髓的 KPI 不但有效地弥补了仅通过财务预算进行目标管理的漏洞，而且为企业管理者指明了如何落实各层级分解目标的方法，将员工的时间和精力尽可能地集中在对公司业绩最有帮助的经营行为上。

随着 KPI 在企业中的广泛应用，它的作用日益显著，不仅有助于企业内部上下一心，还有效地提升了企业的人均效能。但是新科技的产生和工作内容的持续改变让今天的企业环境发生了翻天覆地的变化。时代的变迁同样带给了拥护 KPI 的管理者们越来越多的困惑与反思。近年来，因为"无法与时俱进"，没能满足企业层出不穷的新需

求，KPI 显现出了诸多弊端，具体总结如下。

首先，KPI 考核严重依赖于工作内容有固定模式，以及工作的完成指向一个清晰的结果。这样的工作具有一定的可预测性，工作评价也比较直观。对制造业工厂内的很多基础岗位来说，KPI 考核的确是非常适合的，生产管理部的 KPI 考核样例如表 5-1 所示。

表 5-1　生产管理部的 KPI 考核样例

序号	KPI	考核周期	指标定义或公式	资料来源
1	生产计划达成率	季 / 年	$\dfrac{实际产量}{计划产量}\times 100\%$	生产管理部
2	内部利润达成率	季 / 年	$\dfrac{实际完成的内部利润额}{计划完成的内部利润额}\times 100\%$	财务部
3	劳动生产效率	季 / 年	$\dfrac{产出数量 \times 标准工时}{日工作小时 \times 直接人工数量 - 损失工时}\times 100\%$	质量管理部
4	交期达成率	季 / 年	$\dfrac{交货期无误次数}{交货总次数}\times 100\%$	销售部
5	产品抽检合格率	月 / 季 / 年	$\dfrac{实际合格数}{抽样产品总数}\times 100\%$	质量管理部
6	生产成本下降率	季 / 年	$\dfrac{上期生产成本 - 当期生产成本}{上期生产成本}\times 100\%$	财务部
7	生产设备利用率	年	$\dfrac{开机总工时 - 外部停机总工时}{开机总工时}\times 100\%$	设备部
8	生产安全事故次数	季 / 年	考核期内生产安全事故发生的次数	生产管理部

在过去以制造业为主的时代，大部分工作都是比较稳定的。工作

内容多以季或年为周期循环往复，而且工作的结果产出比较清晰，也可以在一定程度上被预测。在这种情况下，KPI 考核是很多企业最好的选择。但是随着企业进入了移动互联时代，再到当下的 VUCA 时代，新的工作层出不穷，传统的工作岗位也变得更加复杂，且工作内容并不稳定。

其次，**员工积极性调动不足**。操作不当的 KPI 考核很容易被误认为是企业的一种惩罚机制。毕竟很多企业的 KPI 考核最终会体现在个人的薪资收益方面。KPI 的考核多依赖于直接上级的最终评分，很难做到完全公平公正。很多企业 KPI 沟通的频次也是非常固定的，限定在季末或年末少有的几次谈话。甚至这仅有的几次 KPI 沟通也因为直接上级缺乏对绩效考核的深入理解，将聚焦人才发展的绩效沟通退化为指摘员工不足的负面反馈，不仅没有满足员工学习和发展的需求，还影响了员工的工作积极性。

最后，**考核结果的应用与新时代人才的诉求不一致**。很多企业还存在 KPI 考核结果强制分布的情况，甚至设置末位淘汰的机制。这种手段未必能带来预期的效果，且极可能破坏团队内部的协作文化。很多实施绩效强制分布的企业都面临员工的忠诚度问题，在其内部猫鼠游戏盛行，上有政策下有对策，而不是上下一心，将精力聚焦在关键任务上。偏离了 KPI 考核的初衷，也和 KPI 流程设计的局限性有关。虽然 KPI 更侧重关键指标，但是没有很好地继承 MBO 强调的员工参与，导致在很多情况下，员工认为 KPI 是他们被动接受的考核指标。再加上这些强制措施，也难怪员工会有一定的抵触情绪。

OKR vs KPI

虽然阐述了许多 KPI 考核的局限性，但是这种绩效管理机制不但具有划时代的意义，而且仍然是当下众多企业使用的主流绩效考核工具。一个工具的优劣取决于它能否适用于企业需要的应用场景。正如前文提到的，KPI 考核仍然适用于岗位工作内容相对稳定且绩效结果比较清晰的工作类型。可惜在快速发展的创业公司或机动性要求高的企业里，管理者想要通过年度 KPI 复盘来引领员工的业绩提升，显然是滞后且低效的。那么为了适应不同的需求，企业还有哪些绩效考核工具可以选择呢？近年来许多企业给出的答案是 OKR 和 PBC。

我们先来具体看一下在不同的工作场景中，OKR 和 KPI 在相同职能部门中的使用情况。先用研发部门的 KPI 考核为例（见表 5-2）。这些都是考核研发工程师常用到的 KPI，时至今日，这些年度指标仍然非常有价值，只是已经无法适用于所有行业的研发部了。譬如在汽车制造业，引擎相关的技术改善项目通常会持续三到五年，如果是关键性创新项目则需要更长的研发周期，对于这些项目 KPI 仍然适用。但在海尔和腾讯这样的国内企业，很多研发项目的周期都在一年之内，甚至是六个月左右，用 KPI 考核就捉襟见肘了。很多国内的创新创业公司处于萌芽期或发展期，企业的战略方向可能是不断调整的，工作岗位更加不稳定，KPI 考核也很难适用于这样的工作场景。

没有最完美的绩效考核工具，企业需要思考哪一种方法是最适合当下的自己的。当部门的绩效考核指标出现了"年初设置，年末丢掉"的情况时，就说明 KPI 已经不再适用于当下这个工作场景了。在企业面临的市场动荡不定，行业前景模糊不清，或者企业急需快速转型或产品迭代升级的情况下，管理者就需要寻求一种更灵活且指令更加详细明确的绩效考核机制。OKR 正是在这种情况下脱颖而出的。

表 5-2　研发部门 KPI 考核样例

序号	KPI	考核周期	指标定义或公式	资料来源
1	研发项目阶段成果达成率	年	$\dfrac{各项目实施阶段成果达成数}{计划达成数} \times 100\%$	研发部
2	科研项目申请成功率	年	$\dfrac{项目申请成功数}{项目申请总数} \times 100\%$	研发部
3	研发成本控制率	年	$\dfrac{实际技术改造费用}{预算费用} \times 100\%$	财务部
4	新产品利润贡献率	年	$\dfrac{新产品利润总额}{全部产品利润总额} \times 100\%$	财务部
5	项目开发完成准时率	年	$\dfrac{开发实际周期}{开发计划周期} \times 100\%$	研发部
6	科研课题完成量	年	当期完成并通过验收的课题总数	研发部
7	科研成果转化效果	年	当期科研成果转化次数	研发部
8	产品技术稳定性	年	投放市场后产品设计更改的次数	研发部
9	试验事故发生次数	年	当期试验事故发生的次数	研发部

研发部门的 OKR 考核应用得越来越广泛。OKR 中的目标是模糊的，但是为达到目标而设立的一系列关键成果是非常具象的，有的是关键流程节点，有的是达标考核数据（见表 5-3）。

表 5-3 研发部门 OKR 考核样例

目标	关键成果
新产品顺利研发	完成技术预测，并获批产品开发任务书（15~30 天）
	产品设计方案得到公司审批通过（20~60 天）
	完成模具制造和产品试装（30~60 天）
	产品小批量试产，实验室测试通过率达到 90%
提高客户满意度	及时响应客户需求，并于 3 天内完成反馈
	客户投诉比例每月至少下降 5%，直至下降到 12%
	做好客户投诉记录归档，定期复盘

OKR 与 KPI 最大的不同源于设计的初衷。KPI 更侧重关键指标与关键行为，是组织需要员工体现的关键行为，优势在于目标的分解与筛选过程通常是自上而下传递的。OKR 更强调人的主观能动性，因此 OKR 的目标设定只是比较模糊的前进方向，具体做到哪些关键成果取决于员工本人，员工需要通过与所在岗位的利益相关者充分沟通互动，才能制定出属于自己的 OKR。也可以说，OKR 的目标来自员工的多方沟通联动。

另外，KPI 考核基本需要员工 100% 达成，没达成便是低绩效的表现。OKR 倾向于员工自主设立挑战性的目标，以期取得超出预期的结果。OKR 也不会要求员工达成所有目标，通常一项 OKR 目标达成 80% 就可以被企业所接受，达到 90% 就算是给出了超出平均值的满意答卷。通常企业也会对员工的 OKR 进行评分，一般不会给目标打分，而是给每一项关键结果打分。

此外，OKR 更强调过程中的充分沟通。KPI 更多是按照年度流程节点实施沟通反馈，而 OKR 要求的沟通频次比较灵活，常见的有季度、6 周、月度和 2 周一次，可以依据组织和个人需求自行设置。沟通过程中可以应用一些评估工具辅助沟通，如 OKR 工作目标评估表（见表 5-4）。该文件也可以作为个人评价数据材料留存。

表 5-4　OKR 工作目标评估表

OKR		目标值/衡量标准	计划完成时间	完成状况（%）	目标完成进度评价			备注
目标	关键结果				个人评价	行动需要协助或资源	上级评价	

员工签名：＿＿＿＿＿＿＿　　　　　上级签名：＿＿＿＿＿＿

日期：　　　　　　　　　　　　　　日期：

随着对 OKR 的深入了解，你会在关键结果中看到很多 KPI 的影子，很多关键结果的呈现方式就是我们熟悉的 KPI。事实上，作为管理者，我们从实用的角度来审视上述 OKR 和 KPI 之间的不同，就会发现 OKR 意在更有效地调动员工的主动性，并增加了过程中目标管理和绩效考核的灵活性，这两点才是很多企业从 KPI 升级到 OKR 的原因。可是 OKR 也未必适用于所有企业，于是另一种更接近 KPI 升级版的绩效考核工具开始崛起，那就是 PBC。

PBC 的兴起

在经历了 MBO、BSC、KPI 和 OKR 之后，PBC 的出现同样是为了弥补已有绩效考核工具的一些不足，所以我们可以在 PBC 中看到其他绩效考核工具的影子，尤其是 KPI，也能注意到它在试图整合各个工具的优势。

PBC 同样继承了 MBO 强调员工参与管理的优良特性。只不过不同于 OKR 试图通过员工与周围的充分沟通和自主设定关键结果的方式增加员工的主观能动性，PBC 采用了另一种更具仪式感的方式来深度激发员工的自主牵引，那就是个人承诺。PBC 以形式化的方式要求员工对年度个人绩效做出承诺，如国内企业中常见到的签署"军令状"，可谓仪式感十足。

PBC 同样鼓励员工设定具有挑战性的目标，并将目标分为业务目标、员工管理目标和个人发展目标三类。其中业务目标下设了 KPI 和关键绩效事件（KPA），某企业个人绩效承诺表如表 5-5 所示。这样的设计也是为了融合 KPI 和 OKR 的优势，同时聚焦关键行为和关键结果。

表 5-5　某企业个人绩效承诺表

×× 年个人绩效承诺					
姓名		岗位名称		岗位层级	
所属部门		填表日期		直接上级	
1. 业务目标：70% 　本人的业务目标应承接企业运营战略以及本部门的绩效目标，同时保证与企业的核心价值观保持一致。要求指标总数不超过 8 个，5~6 个为宜；权重的设定由员工和直接上级协商决定，每一部分权重总值为 100%					
50%					
编号	KPI	考核目标值	衡量标准	权重	备注
1					

（续）

编号	KPI	考核目标值	衡量标准	权重	备注
2					
3					

20%

编号	关键绩效事件 （支持目标完成）	考核目标值	衡量标准	权重	备注
1					
2					

2. 员工管理目标：20%

设定 1~2 个支持组织绩效提高的管理目标，应包括人才管理、团队建设和员工发展等内容；权重的设定由员工和直接上级协商决定，每一部分权重总值为 100%

20%

编号	员工管理目标	考核目标值	衡量标准	权重	备注
1					
2					

3. 个人发展目标：10%

设定 1~2 个支持业务目标需提高的个人胜任力，个人发展目标应该支持个人发展计划和其他有关的学习培养计划、职业发展计划、岗位升迁等；权重的设定由员工和直接上级协商决定，每一部分权重总值为 100%

10%

编号	个人发展目标	考核目标值	衡量标准	权重	备注
1					
2					

本人签名：_____　　　　　　　直接上级签名：_____

日期：　　　　　　　　　　　　　　　日期：

　　PBC 也非常强调多维度的沟通，这一点和 OKR 相似。虽然 PBC 的流程更接近 KPI，以年初设定目标、季度复盘和年底考评为主要环节，但是 PBC 和 OKR 都非常关注过程中的沟通，并且可以做出及时调整。

　　纵观各类绩效考核工具在当今国内企业中的应用，KPI 仍是主流，OKR 和 PBC 不断壮大，可谓三足鼎立。因为 OKR 和 PBC 在兼具 KPI 的一些优良特性的同时，又进一步完善了"员工参与"和"灵活机动"两个维度，可以预计这两个绩效工具会进一步取代 KPI。

　　作为管理者，我们只需要知道所有的绩效考核工具都是为了在符合企业文化和需求的前提下，改善员工的行为，提升员工的胜任力，进一步释放人才的效能。而作为人才管理能量内环的最后一个组成部分，绩效考核不但为三角核心补全了对人才的能力、潜力和绩效三个维度的人才评价数据，而且作为新型的引领指标牵引着人才的未来发展方向，也为人才管理能量外环的应用场景提供了更有力的依据。

第三节　人才管理能量内环三角核心的运行机制

　　I 公司是一家非常注重人力资本的中国企业，在业务迅速扩张的同时，也不忘持续在人才的管理与发展领域投入资源。之前几年该企业有计划地设计和落地执行人才盘点、人才梯队建设等人才管理举措。企业的创始人始终相信在企业内部成长起来的人才更忠诚，比起外招性价比更高。

最近，I公司一年一度的人才盘点刚刚结束。人力资源副总裁需要将手边关键人才的盘点结果呈现给创始人，通过相关数据回答以下问题：组织内的人才是谁？在哪里？将来可以在哪里？I公司也确实会按照盘点结果来重新考虑人岗匹配。这不仅关系到组织内每个人的职业生涯，还关乎企业将如何合理地分配有限的资源。于组织和人才而言，这都是I公司的头等要事。

重新回顾一下人才管理能量环模型，胜任力管理、人才测评、绩效考核三个流程组成了人才管理能量内环，我们称之为三角核心。这三个核心流程都是围绕着组织内的人才全面展开的，并且源源不断地产出基于人才的能力、潜力和绩效三个维度的评价数据。这些评价数据通常会借由人才管理能量外环的人才管理举措来进行整合、分析、应用，最终留存在企业的人才数据库中。

谈起整合、分析、评价数据的人才管理流程，在国内企业中应用最为广泛的莫过于人才盘点。人才盘点也是人才管理能量外环九个应用场景之一，我们会在第七章详细讲解人才盘点的不同类型与流程步骤。在此，我们先聚焦来自人才管理能量内环三角核心的人才评价数据究竟要如何分析和呈现。

人才管理能量内环三角核心的成果分析与呈现

人才管理能量内环的三角核心作为识人用人的根基，所产出的数据对于人才的全周期管理都有着巨大的支撑作用。进一步讲，人才管理能量内环的运作为人才获取、人岗匹配以及人才发展三大维度共九个应用场景都提供了科学严谨的底层数据支持。这也是三角核心最重要的价值，那么这个价值是如何通过整合分析最终呈现出来的呢？

创意不断的九宫格

九宫格是咨询公司尤其偏爱的工具。它以不同的横纵轴坐标，将每一个被盘点的人才落位在九个格子之中。九宫格包含了有关人才的多维度评价结果，能够直观地展现出组织内人才的分布情况，所以也常被称为"人才地图"。

人才盘点九宫格是一种数据呈现方式，最常见的是以绩效为横坐标、潜力为纵坐标的数据呈现方式（见图 5-1），其他呈现方式还包括但不限于以绩效与胜任力、胜任力与文化适配度、专业胜任力和领导胜任力为横纵坐标的九宫格。九宫格横纵坐标的选择体现了一家企业识人的视角。作为管理者，只需关注所在企业的实际需求并应用好该工具进行数据分析与汇报即可，毕竟归根结底，最有价值的还是高质量的数据本身，而非呈现方式。

九宫格也是在持续创新的，比如三维九宫格（见图 5-2）正是为满足中国企业独有需求的一项创新之举。该九宫格以绩效为横坐标，以胜任力为纵坐标，将组织内关键岗位上的员工划分到十六个方格里面。请注意，图中每一个气泡都代表着一位关键岗位上的员工，而气泡面积的大小则代表了该员工与企业文化的匹配度——员工与企业文化的匹配度越高，气泡面积越大。一张三维九宫格图，不仅让管理者将组织内的人才尽收眼底，还直观地呈现了绩效、胜任力以及文化匹配度三个维度的评价数据。这非常契合很多看重文化的中国企业的需求。

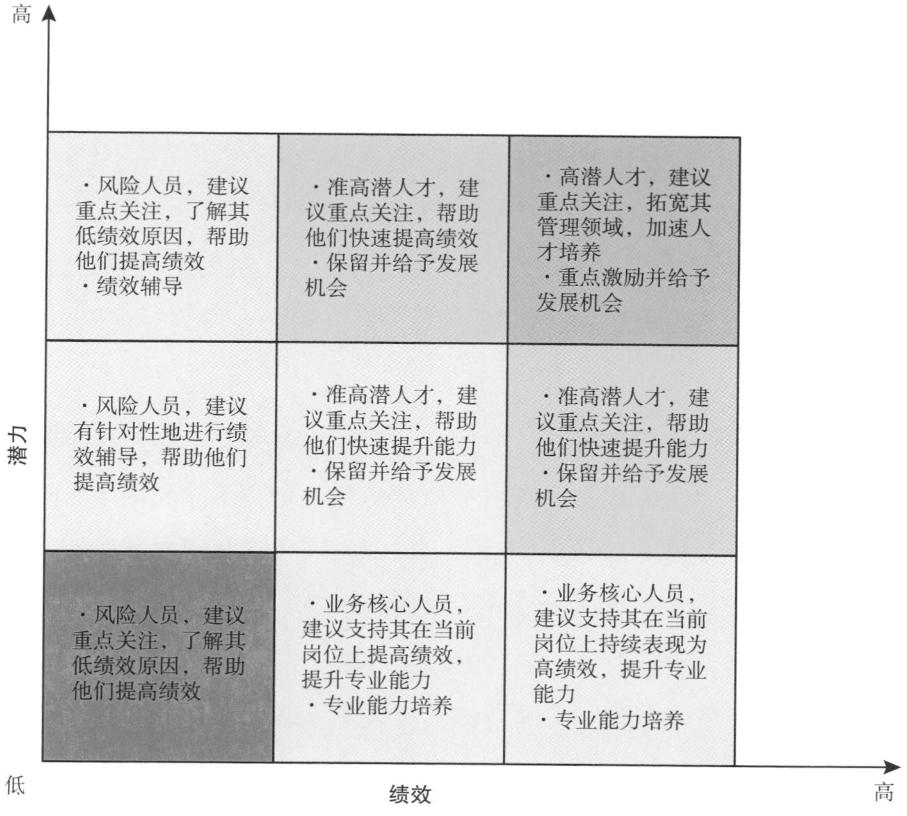

图 5-1　人才盘点九宫格

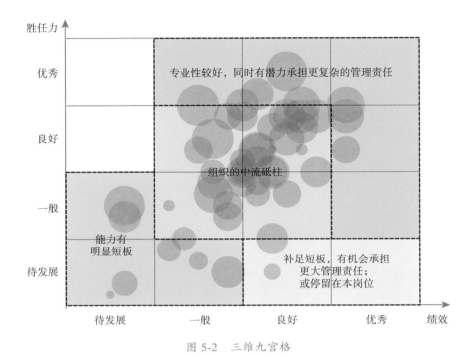

图 5-2 三维九宫格

聚焦九宫格的数据分析，企业的人才盘点委员会或者人才管理委员会将会对人才的未来发展给出相应的意见，如图 5-1 和图 5-2 所展现的那样，有些人才是重点关注对象，需要重点激励和定制化培养；有些人才需要尝试补足自身短板，如果没有效果，企业可能需要考虑人员的更换。值得强调的是，中国企业的三角核心数据很少覆盖全员，几乎都聚焦在组织内关键岗位上的人才。这些关键岗位上的人才对业务有着深远的影响，必须紧密跟踪、持续关注，确保人岗匹配。

聚焦人才的组织诊断图

人才管理能量内环的数据虽然来自人才个体，但是要应用到组织与人才两方面。企业要指导具体的人岗匹配，更要看到某一业务单元或业务板块的组织健康状况。这就需要另一种数据分析与呈现形式——组织诊断图。

组织诊断过程是组织发展领域的重点工作，比较知名的组织诊断工具都不难理解，例如麦肯锡 7S 模型关注的七个维度：战略（Strategy）、结构（Structure）、制度（System）、风格（Style）、员工（Staff）、技能（Skill）、共同的价值观（Shared Values）；或者韦斯伯德六盒模型，包括使命与目标、组织与结构、关系与流程、回报与激励、支持与工具、领导与管理。这些工具都旨在协助管理者梳理诊断组织的逻辑与思路，这就像是组织进行了一次全方位体检，全面且仔细，但价格不菲。事实上，企业很少会需要或能够负担得起这样的"全身检查"，企业大多数时候需要的是聚焦在组织能力上的精准组织诊断。毕竟无论是哪种组织诊断，用什么诊断工具，关注的对象都是企业内部的员工。

国内企业常规的人才盘点对象通常是各个业务单元的领导班子，也就是各职能的关键岗位员工。在人才盘点结束之后，我们理应对业务单元的领导班子成员有来自胜任力、潜力和绩效三方面的评价信息，甚至应该掌握他们每个人在九宫格的落位情况。如果我们转换视角，将一个独立的业务单元看成一个个体，这个个体最重要的组成部分便是领导班子成员，他们就像是人的重要器官一样，需协作良好，并且缺一不可。在这样的视角下，基于人才管理能量内环三角核心的信息，我们可以绘制出基于人才评价的组织诊断图（见图 5-3）。

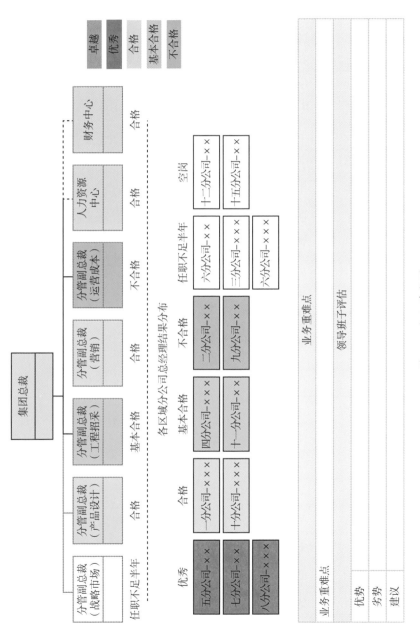

图 5-3 组织诊断图

这张组织诊断图的信息非常丰富，它以业务单元组织架构的形式为主体，标注了每个领导班子成员的盘点结果。给组织做诊断，就像是给一个人看病，每个领导班子成员的评价结果预示着各个器官的能力差异，从而判断这个人的健康状况。

举个例子，如果业务单元的总经理是一个设计出身的高手，那么即使设计负责人被评为"基本合格"，这个组织仍然可以正常运行。如果设计负责人被评为"不合格"，组织处于不健康的状态，但总经理具备相应的专业能力与足够的设计经验，组织仍可以坚持到人员更换，风险可控。可是假设是这个业务单元的营销负责人被评为"基本合格"或者"不合格"，设计出身的总经理和该营销负责人无法互相补位，那么这个组织就会有非常大的系统性风险。这才是企业要极力回避的，也是该组织诊断图的重要效用之一。至于图 5-3 下面的工具表单（业务重难点及领导班子评估）的填写方式，可以参考行为事件访谈法的内容撰写原则以及组织诊断工具所列举的各个维度，如上文提到的麦肯锡 7S 模型或者韦斯伯德六盒模型等。

中国企业偏爱的人才数据：文化匹配度

企业文化是对组织与个人来说都非常重要的概念。所谓企业文化，就是指企业创始人的想法通过文化建设的方式深入人心，成为一群人的信念，进而成为这群人的行为习惯。想要做到这一点实属不易。所谓人与企业文化的匹配，是需要审视个人价值观与企业价值观、企业文化的契合程度的。很多时候，如果员工基于个人的阅历和对生活的参悟，确实不认可企业文化，那么企业和个人都不可能也没有必要为对方做出重大的改变。所以能否识别与企业文化契合的人才就变得格外重要，尤其是对当下的中国企业而言。

在众多知名的中国企业之中，企业文化匹配度的重要性被老板一再强调，深刻地影响到了人才管理能量环模型的所有组成部分。很多时候，文化匹配度作为人才识别的重要维度，影响着三角核心的评价标准，也就影响着组织与人的匹配。从组织角度来看，如果员工和组织不匹配，因此产生的管理内耗甚至是群体间冲突是不可低估的企业损失；从人才角度来看，员工内心对文化的不认同会潜移默化地影响到个人的满意度、敬业度，最终体现在其行为上，甚至导致离职。

其实企业文化不仅在识人方面发挥着重要作用，在用人方面也同样影响深远。企业文化几乎渗透到了每一项人才管理举措的设计中。譬如在阿里巴巴，作为重要的人才考评标准的"闻味儿"是从新员工培训"百年阿里"开始的，贯穿一个员工在该组织内工作的始终。阿里巴巴的使命、愿景、价值观如下。

使命

让天下没有难做的生意。

愿景

- 活 102 年：我们不追求大，不追求强，我们追求成为一家活 102 年的好公司。

- 到 2036 年，服务 20 亿消费者，创造 1 亿就业机会，帮助 1000 万家中小企业盈利。

价值观

- 客户第一，员工第二，股东第三。
- 因为信任，所以简单。
- 唯一不变的是变化。
- 今天最好的表现是明天最低的要求。
- 此时此刻，非我莫属。
- 认真生活，快乐工作。

较之西方企业，企业文化对中国企业更为重要，这是由东西方文化的差异性决定的。以农耕文明发展起来的差序格局决定了我们更倾向于集体主义，看重远近亲疏，"信任"是组织的关键词，它有时候比"契约"更有约束力和激励作用。所以中国企业更看重员工个体是否和组织匹配。这一点对强调个体特性的外资企业来说还是有很大程度的不同的。文化匹配度作为一个很有东方特色的评价维度，通常依靠人才盘点或者360度评估反馈的方式进行，得到的数据跟随人才管理能量内环的数据一同记录在人才数据库中，以供人才管理能量外环的九个应用场景使用，譬如人才梯队中人才入池的选拔标准，培养与发展中的文化类培训，继任计划中的候选人筛选，等等。

PART 3

第三篇

如何用人：人才管理能量外环的三大维度共九个应用场景

第六章

人才获取：找到人，只是第一步

第一节 人才招募

J公司是一家在短视频领域崭露头角的创业公司，正处于快速扩张业务的时期。目前J公司内部人才短缺情况十分严重，尤其是各个职能的中层管理者。

为了快速补全这些关键人才，J公司愿意以高出市场水平15% ~ 20%的薪水广纳贤才。可是随着人才的快速引进，不合适的员工也在快进快出，导致人才结构极不稳定。J公司高层开会讨论，有的说是企业文化的匹配度出了问题；有的说是因为面试官标准不统一，招聘不准。何止面试官的标准不统一，很多负责面试的人力资源同事都是才进入公司不满半年的新人。在这样的情况下，J公司只好寻求人才管理方面的专业支持，试图找到能够协助组织快速地、准确地找到人才的好办法。

早在千禧年之初，"人才争夺战"就是一个传播广泛的概念。麦肯锡公司更是指出争夺人才的战争是一个具有战略意义的商业挑战，人才是企业业绩的关键驱动因素。如今二十余年过去了，世界已经发生了翻天覆地的变化。这场没有硝烟的战争究竟是谁赢了？

目前看来，人才是最大赢家。

人才市场的未来趋势已经非常清晰。员工的工作环境、工作方式以及工作理念都已发生了颠覆性的改变。虽然我们正在经历一个动荡的全球化经济进程，但是今天的员工已经争取到了之前不曾拥有的选择权。"跳槽"不再带有负面意思，甚至在有些场景下会被当作人才有竞争力的依据。能力强的人就会有更多的职业选择。

对企业而言，选错一个员工的代价却越来越高昂，尤其是重要岗位的继任者。找到人，往往只是第一步。是否能选对人，并且留住优秀的人才，是考验企业人才管理水平的关键指标之一。企业如何依靠人才管理能量环模型来赢得"人才争夺战"呢？

如何招募到对的人

我们之前在第三章提到过差异胜任力的概念。如果一位员工只具备相应的基础知识和技能，这意味着他具备了在该岗位上工作所需的最低限度的基础能力。在这些基础能力之外，还有一些能区分出优秀者和业绩平平者的工作能力，被称为差异胜任力。譬如，有效区分一个销售冠军和其他销售员的差异胜任力之一是成就动机。这项胜任力会让一个人自主地去追求超越既定目标，并为此付诸实践。而在招聘过程中，在候选人的知识、经验旗鼓相当的情况下，候选人之间的差距往往由此产生。

　　聚焦差异胜任力是需要人才管理能量环模型作为底层逻辑支持的，有了对岗位和人才的充分认识，不但能够提升招聘效率，而且能够更准确地定位人才，促进招聘决策的达成。为了让人才获取做到精准高效，就需要企业在面试之前完成一些准备工作，这样才能事半功倍。在企业资源允许的情况下，首先要建立岗位的胜任力模型，依据胜任力模型中聚焦的差异胜任力，绘制出相对直观的人才画像（见表6-1）。

表6-1　人才画像

×× 岗位人才画像		
信息类型	标准条件	考察渠道
基本情况	（一）年龄：××~×× 岁为最佳	1. 简历 2. 申请材料 3. 自我介绍
	（二）工作经验：10 年以上，在管理岗位上工作经验不低于 3 年	
	（三）学历及院校：本科及以上，×× 专业强校毕业者优先考虑	
	（四）知识储备情况：财务管理、CPA 认证、CFA 认证、二级注册建筑师资格证等	
	（五）其他信息：企业文化倾向、工作地点选择等	
工作经历	岗位基础要求（教育背景、工作经验、专业资格）	1. 履历分析 2. 行为面试
	现岗位经历（业务经验、管理经验、特殊经历）	
	组织贡献（绩效、获奖、技术贡献）	

（续）

××岗位人才画像		
信息类型	标准条件	考察渠道
工作经历	例： 曾在 BAT 等大型互联网企业有过实习或工作经历 与政府机关经常沟通协调，了解某类项目的审批流程，知晓各个节点应如何推动 有初创型团队工作经验	1. 履历分析 2. 行为面试
领导胜任力	**来自胜任力模型** 例： 冲突管理：勇于面对冲突，将冲突视为机会；敏于审时度势；善于专心聆听；能够达成艰难的协议并公正地解决争端；能够找到共同立场并取得合作，将反对的声音减弱到最小	1. 履历分析 2. 行为面试
专业胜任力	**来自胜任力模型** 例： 成本分析与控制：掌握成本分析的工具和方法，并能够采取有效控制成本的措施	1. 履历分析 2. 行为面试 3. 笔试等专业考试 4. 案例分析或现场实操
文化匹配	**企业核心价值观** 例： 团队精神；满足并超越客户期望	1. 满意度调查 2. 过程中正式与非正式沟通

人才画像的应用比较广泛，尤其对管理者和 HRBP 在进行人才的招聘、选拔时有很大的帮助。基于人才管理能量内环的三角核心数

据绘制出的人才画像样例，包括了适岗人才应符合或倾向符合的基本情况、工作经历，岗位所需的领导胜任力和专业胜任力，最后是反映人才与组织契合度的文化匹配。如此完善的人才画像，不但能够帮助企业快速地定位潜在的适岗人才，而且为后面的面试环节提供了选拔标准。

在企业实施或部分实施了人才管理能量环模型的前提下，我们便可以设计出让识人更加精准的招聘初评及面试流程（见表6-2）。虽然每家公司的招聘流程不尽相同，也无须完全一致，但是建议参考表6-2的招聘流程，其相对合理简洁，且准确性高。

表 6-2　实施人才管理能量环模型下的招聘初评及面试流程

流程	初评 （初筛）	第一轮面试 （汰劣）	第二轮面试 （择优）	最终面试 （决策）
主要 工作	● 简历评估 ● 履历分析	● 行为面试 ● 人才测评	● 聚焦专业能力的行为面试	● 综合面试 （行为面试）
主责人	● 人才管理专员（负责设计履历分析的标准） ● 招聘专员（负责分析和筛选）	● HRBP	● 直接上级	● 隔级上级 ● 业务单元综合管理者（如有需要）
重点考察维度	∨ 关键知识 ∨ 关键经历	∨ 关键知识 ∨ 关键能力 ∨ 文化匹配	∨ 关键知识 ∨ 关键经历 ∨ 关键能力	∨ 综合考量 ∨ 文化匹配

整个招聘流程分为五个环节：由人才管理专员和招聘专员主导的

初评，由 HRBP 主导的第一轮面试，由直接上级主导的第二轮面试，由隔级上级等人主导的最终面试，最后是定薪录取环节。因为有了人才管理能量环模型提供的数据支持，初评的简历筛选不再是单纯地一份一份阅读简历，招聘专员会得到一份基于数据验证后的履历分析报告。而后的面试环节将以行为面试为主，我建议第二轮面试和最终面试也以行为面试为主。行为面试是行为事件访谈法的简单应用，虽然行为面试效度不及行为事件访谈，但是远胜过普通的结构化面试。在面试的过程中，企业也可以选择人才测评工具来提供额外的辅助数据助力人才识别。

基于人才数据的履历分析

很多企业的简历筛选都只能依靠招聘专员个人的经验来判断，存在极大的不确定性。有些企业因为人员流动率高，招聘专员不但任务量大，而且可能自己就是一个入职没多久的新员工，对企业文化更是无从判断。这种情况在中国企业发生的概率并不算低。想要客观准确地识别人才，就要通过专业的技术和大量的数据来尽量规避主观判断。表6-3所示的履历分析正是建立在人才管理能量环模型的大数据之上的。

基于胜任力模型和岗位绩效标准，对目标岗位相关的职位经历、项目经历、管理经历、工作绩效以及关键成就进行赋分设计，形成打分制的履历分析。这种简单易懂的工具可以协助招聘人员进行简历筛选，甚至有时候会作为辅助工具在面试过程中进行应用，这样既明晰了筛选标准，尽量避免人为造成的纰漏，又可以切实地提高选人效率。

表 6-3　人才管理能量环模型支持下的制造业区域营销负责人履历分析

模块	关键经历	赋分条件	分值	计分方式
职位经历	策划（含市场）工作经历	3 年及以上	10	以是否符合赋分条件为计分标准，符合计 10 分，不符合不计分
	销售工作经历	3 年及以上	15	以是否符合赋分条件为计分标准，符合计 15 分，不符合不计分
	同行业前十企业工作经历	3 年以上管理经验	10	以是否符合赋分条件为计分标准，符合计 10 分，不符合不计分
项目经历	项目业态	负责过 OEM 项目	20	以是否出现为计分标准，出现 1 次及以上计相应分数，不出现不计分
		负责过 Tier 1 项目	15	※ 不同产品类型出现可累计加分
	同时承担项目数量	同时承担三个以上的项目	10	以是否符合赋分条件为计分标准，符合计 10 分，不符合不计分
	单一项目最大销售规模	销售规模 ≥ 1000 万元	15	以符合的最高赋分条件计分，不重复计分
		1000 万元>销售规模 ≥ 500 万元	10	
		500 万元>销售规模 ≥ 100 万元	5	
	项目合作模式	负责过共同投资和操盘的合作项目或收购项目	5	以是否符合赋分条件为计分标准，符合计 5 分，不符合不计分

管理经历	进入新城市，建立当地营销资源	10	以是否出现为计分标准，出现 1 次及以上计 10 分，不符合不计分
	从无到有建立项目营销团队	5	以是否出现为计分标准，出现 1 次及以上计 5 分，不符合不计分
工作绩效	过去一年现岗位绩效 A+	5	过去一年绩效 A+ 计 5 分，A 及以下不计分
关键成就	获奖记录（10 分封顶）区域公司以上内部重要奖项	5	按次数计分，每次计 5 分，获奖记录整体不超过 10 分

此外，履历分析也应随着人才管理能量环模型中人才数据的积累、变化而不断更新、进化，毕竟企业的需求是会随着组织成长发生变化的，年销售额 5000 万元的企业和 50 亿元的企业需要的区域营销负责人也是不同的。做到这一点需要企业内部拥有能够良性循环的人才管理体系。

行为面试为主，人才测评为辅

行为面试法（Behavioral-Based Interview）的底层逻辑就是行为事件访谈法，它的基本假设也是通过分析一个人过去的行为能够预测其未来的行为。行为面试其实也是结构化面试的一种，但不同于普通的结构化面试，行为面试应用的问题都是行为问题。譬如，"请您描述一下过去曾经与您的上司发生过什么样的冲突？您又是如何解决的？"就是典型的行为问题。行为面试法同样遵循行为事件访谈法的原则，针对的必须是过去发生过的行为。

面试官会根据岗位的胜任力模型来设置相应的行为面试问题，而候选人需要通过完整的描述来体现自身具备的能力。候选人准备行为面试同样有法可依，最常见的就是 STAR 法则。STAR 法则在第三章第四节是有详细介绍，感兴趣的可以温故而知新。

在面试过程中，可以应用人才测评工具来辅助人才识别。人才测评工具在校园招聘中的应用十分普及，如性格类测评 OPQ、认知能力测评 CATA 等。事实上，在中层管理者的面试选拔中也经常会用到人才测评工具，甚至有些企业针对关键岗位还会专门开发情境式测评工具，如公文筐测验等。

第二节　人才融入

IBM 在 2023 年发布的全球人才趋势报告中明确指出人才短缺仍是阻碍企业效益增长的重要因素之一。最新的报告数据表明，随着员工需求的不断转变以及许多组织对变革的抵制，员工的忠诚度正在不断地下降。该报告还显示，在全球范围内，69% 的员工认为其工作要比雇主更重要。52% 的员工表示其上一份工作的时长低于四年。总而言之，在优秀人才依旧短缺的情况下，人才的保留变得更加困难。其中值得管理者深思的方面有很多，最主要的维度之一就是人才的融入。万事开头难，如果前期的人才融入就出了问题，埋下了矛盾的种子，这对后面的影响是无法估量的。

广义上的人才融入是指企业与人才相互磨合的过程。在这个过程中，员工会了解到企业的文化、行为规范、规章制度、工作氛围等，也会慢慢地融入这个集体，成为企业的一部分。狭义上的人才融入主要是指在新员工入职的第一年，企业设计的一系列支持和加速员工融入组织的人才管理举措。

人才融入对企业和员工个人来说都是非常有价值的。

从企业的角度看，新员工的入职培训包含了企业文化的传递，不但帮助员工快速了解企业的价值观，而且有利于规范员工未来的行为。员工有了人才融入计划的支持能够更快地熟悉工作环境，了解企业的行为准则，快速进入状态。人力资源部门对企业基本信息的宣贯有助于员工了解企业提供的各类薪酬福利和人才发展相关资源，让员工对企业的未来更有信心，从而规划在该企业长期的职业生涯。归根结底，人才融入做得好，有助于人才的敬业度和忠诚度提升。

从员工的角度看，首先，有效的人才融入计划能让自己在企业中快速找到价值感，这是员工在工作中必要的动力来源。其次，精心设计的团队任务和贴心的伙伴计划都能够帮助新员工产生归属感。人类毕竟是环境动物，对集体意识强的东方人来说尤其如此。最后，企业需要让新员工觉得自己的未来可期。企业需要愿景驱动，人才更是如此。管理者要让员工感受到企业对他的认同，更要懂得帮助员工规划未来，让员工对在企业中工作有美好的预期。

人才融入应聚焦六个价值提升方向（见图 6-1），同时尽量符合培训与发展中的 70-20-10 法则，即 70% 的"实践经验"、20% 的"向他人学习"以及 10% 的"正式培训"。事实上，我们熟知的新员工入职培训就属于 70-20-10 法则中的那 10%。

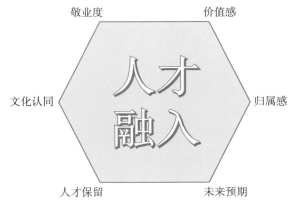

图 6-1　人才融入的六个价值提升方向

新员工入职培训

人才融入的第一步往往是新员工入职培训。企业通常会针对校招生和社招人员两个群体设计不同的新员工入职培训项目。新员工入职培训往往以企业文化、业务情况、组织架构、企业规章制度等为主要内容，对校招生而言，了解企业文化和基础业务知识是重点；对社招人员而言，有些企业也会针对不同层级的岗位在新员工入职培训过程中加入一些专业技能或领导力相关的课程，如某知名影视公司会向新入职的编剧教授公司自建的自动化办公系统等。无论新员工入职培训的内容如何设置，其主要目的都是让新员工快速融入。

K公司是一家知名互联网企业。让K公司知名的不仅仅是它在商业上的成就，还有它在组织与人才管理方面的优秀实践。这是一家非常看重企业文化的公司，甚至将"经营百年"写进了企业愿景。K公司对人才的选拔和融入都有独到的要求，组织内部称之为"K味儿"。每一个进入K公司的新员工都要经历"闻味儿"的过程，在这个过程中新人会不断地加深自身与组织的羁绊。

单从项目效果的角度来看，K公司的新员工融入计划无疑是值得研究和学习的。K公司的新员工融入计划一直在创新，尤其是它的入职培训项目：为期10天的总部集训，不但是新员工融入的过程，而且给了组织对新员工进行再评价的机会，可谓双向选择的过程。

总结下来，K公司有以下三点值得企业管理者借鉴。

首先，入职培训是 K 公司的一堂必修课。这一点非常难得地落实在了规章制度层面。K 公司的入职培训原则上不允许请假，但考虑到特殊情况，允许个人走请假审批流程，只不过审批要由企业创始人批准。后来员工实在是太多了，审批下放了一层，但仍然颇有约束力。这是一场为期 10 天的集训，很少有企业真的愿意拿出这么长时间来做所有新员工的融入。而且 K 公司要求入职培训必须在总部进行。从制度、资源投入等各个角度，都能深刻地体会到 K 公司对这个项目的重视。

其次，K 公司的入职培训是一个新员工进行自我探索的过程，而不是为培训而培训。入职培训过程中接近三分之二的时间都是用来讨论的，内容包括企业文化、案例、项目等。如果新员工想了解各个商业板块的历史，就需要自己去寻找信息源，通过访谈的方式收集信息。这个过程远比坐在课堂里听讲要有趣且令人印象深刻。其中还有很多"坐而论道"的环节，目的就是让新员工通过探讨来加深对 K 公司的了解。

最后，K 公司的入职培训会做"文化识人"。正如上面讲到的，虽然已经到了新员工入职培训的环节，但是这仍然是一个双向选择的过程，结果可能是继续双向奔赴，或者新员工离开。这样的例子也不在少数。组织与人才的匹配也是彼此价值观的包容过程。

K 公司的新员工入职培训不但在项目设计方面有独到的创新，而且用规章制度保障项目取得更好的效果。最值得注意的就是，在 K 公司新员工入职培训的过程中，人才识别作为一条辅助线存在其中，这是企业中比较少有的做法，也体现了企业对文化匹配的高标准。

对于全球化的企业，新员工入职培训在追求上述六项价值提升之余，还要注重全球的一致性和人才的多样性。一致性是指信息的传递要保持全球一致，这也是为了保障企业内部员工的公平性。多样性指的是在传递企业统一的文化和价值观之余，要非常细致地保证不同文化背景的人才都得到尊重和理解。这两点对很多筹划出海或已经走向世界的中国企业来说尤为重要，注重集体还是个体不是一道判断题，而是一道选择题，选择 A 或 B 是个人选择，都应该被尊重。在这个方面，很多全球化的日本企业值得我们深入研究。比如丰田在美国的工厂内就非常巧妙地保障了日本员工和美国员工之间的"求同存异"，让来自不同国家、不同文化背景的人才都认可企业的行为规范，从而提高员工的忠诚度，为组织创造更高效的价值输出。

管理者、伙伴和赞助者

新员工入职培训只是人才融入计划的开始。很多中国企业都将处于试用期的员工当作新人，也有很多企业将入司不满一年的员工都当作新人，就个人经验而言，我比较倾向于后者。毕竟在一定程度上，新人的去留标志着企业管理水平的高低。作为管理者，我们理应对自身提出更高的要求，加长考核期。

很多管理者并没有意识到，人才融入不仅限于新员工入职培训，也不只是人力资源管理者需要投入的工作。恰恰相反，**人才融入的主要责任人是用人部门的管理者**。管理者在日常工作中与人才的沟通和对其的关怀至关重要。譬如一对一的例行沟通，管理者切不可以工作繁忙为由取消这些与下属的交流机会，也不要把这种一对一沟通变成工作会议的延续。为了帮助管理者理解自身角色，做好团队管理和人才融入，有很多非常经典的培训项目可供参考，譬如在全球范围内广泛实用的管理培训计划（Management Training Program），帮助众多欧美企业以及日本企业培训了数百万名管理者，对这些企业的业务发展起到了不可低估的推动作用。还有人才梯队建设中的针对管理者三种转型的培养与发展，这些功夫花在平时，就能潜移默化地助力人才融入。

为了支持新员工的融入，许多企业会为新员工挑选一名伙伴伴随并支持新员工一段时间，通常是 1~2 年，这就是**伙伴计划**。正如上文所说，作为直接上级的管理者是人才融入的第一责任人。为了提高人才融入的成功率，伙伴计划相当于附加的一套推进器。伙伴的人选通常是同部门资历较深的同事，有时候也可能是同职能但是跨部门的前辈。有一种看法是资历比较深的伙伴可以被称为导师（Mentor），反之则称为伙伴（Buddy），事实上无须这样区分。伙伴关系是非正式的，伙伴的首要任务是协助新员工平稳过渡，融入新的集体，其次才是通过分享自己的经验来引导新员工思考职业生涯规划。伙伴计划更类似企业的文化和行为准则的"传、帮、带"。

还有一个重要角色在人才融入的过程中起到了职业导师的作用，

其不仅能引导新人融入，还能挖掘新人身上的潜力，甚至能够在未来提供更好的岗位机会，这个角色被称为"赞助者（Sponsor）"。虽然在国内还并未普及，但是在世界 500 强企业中，赞助者计划已经是一个常规的人才管理举措。赞助者的人选通常是企业内部的高层管理者，赞助者与新员工的职级跨度可能会很大，也无法像伙伴一样可以每两周甚至每周与新员工进行沟通，但是赞助者能够发挥的价值是多维的，甚至有利于员工的职业生涯规划。

管理者、伙伴和赞助者对人才的关注与支持可以帮助新员工快速融入组织，并获得归属感，组织也可以通过这些有效的管理举措获得忠诚度高的新员工。

新领导 90 天转身计划与转身教练

并不是只有新员工需要人才融入，当一名员工晋升到新的岗位时，也需要组织提供相应的支持来帮助他完成人才梯队理论中提及的领导力、时间管理和工作理念三个维度的转型升级。有关人才梯队理论的内容会在第八章详细介绍，在此仅聚焦于协助新领导完成转型的 90 天转身计划，以及该计划中的一个特殊角色——转身教练。

新领导 90 天转身计划属于角色认知类的培养项目。该项目的适用群体通常是刚从个人贡献者提拔为带人经理的新领导。该项目旨在协助这些新领导认清新角色意味着什么，也就是回答三个问题：新领导该干什么，能干什么，以及干得怎么样。之所以称之为 90 天转身计划，是因为这三个月各有明确的目标。第一个月的目标是新领导快速融入团队，新领导与团队的磨合至关重要，稍有不慎，就意味着后患无穷或者新领导直接折戟而归。第二个月的目标是合理分工，规划速赢。第三个月的目标是建立个人影响力，提升团队效能。这三个步骤都为新领导保驾护航，附上战马再送一程。事实上，国内很多企业都无法提供 90 天转身计划这样的人才管理支持，许多新领导只能自己 "野蛮生长"，摸索着前行。这样对个人来说风险高，企业也极可能因此损失一名高潜人才。优秀的高潜人才在晋升成新领导不久后就离开企业的例子实在是太多了。

90 天转身计划中有两个重要的角色：导师和转身教练。转身教练是一个特殊设置，该角色是除导师之外的管理教练，为新领导提供一对一的教练辅导。因为转身教练是内部教练，本身也是管理角色，所以他也会帮助新领导快速建立岗位相关的资源网络，协助新领导了解局面、清除障碍，最终转身成功。

如今，人才的保留对企业来说变得越来越关键。人才融入逐渐成为一个备受关注的议题。如本节案例所示，在做好人才融入的同时尝试持续地甄别人才，这是未来人才融入的趋势之一。毕竟只是找到人还不行，还要留住人、用好人。所有人才管理举措的最终目的都是打造助力企业战略执行的组织能力。

第三节　人才激励

人才管理能量环模型中的多数组成部分都有一个隐性的前提假

设：员工拥有追求成长和收获的主观能动性。这个假设基本上是合理的，但并不是任何时候都有效。当基础需求没有得到满足，譬如没有得到足够的休息时，那么比起追求个人职业上的发展，这个人更渴望睡个好觉。如何让人才一直处于一个健康的、积极向上的心态呢？这就涉及人才激励的问题。

激励就是激发人的动机，引导和保持人的行为，从而达成某种目标的过程。企业激励员工，也正是为了调动员工的工作动机，保持积极性，在完成组织目标的同时达成个人期望。人才激励不但能帮助人才保留下来，而且能够提高人才的效能。

激励的运作机制

首先，我们要了解一下需求和动机的关系。我在第三章曾讲过，动机是指为满足某种需求而进行活动的念头或想法，是激励人类行动以达到一定目的的内在原因，即活动的动因。动机存在于冰山模型水面以下的最深处。我们通俗地理解，动机就是一个人对一件事的反复渴望，并最终付诸行动的念头。人的需求就是那件被反复渴望的事情。需求是基于缺乏而追求满足的心理倾向，可以是物质上的，也可以是精神上的，重点在于内心的渴望。

当人产生了需求，又未能得到满足的时候，人会处于一种紧张不安的心理状态。当一个有助于满足这个需求的目标出现时，这种紧张不安的心理状态就会刺激到动机。最终，在动机的推动下，人会采取行动来达成目标。如果目标达成，需求得到了满足，紧张不安的心理状态也会随之消失。只是不用很久，新的需求就会在心头油然而生。在这个过程中，思路清晰的人可以靠自己找到满足需求的目标，意志坚定的人可以靠主观能动性持续行动，最终达成目标。但更多的时候，更多的人需要外界给予一点点的激发和引导才能持续行动，这正是人才激励的价值所在。激励的运作机制如图 6-2 所示，激励的选择源自需求，譬如员工看重职业发展，企业就采用晋升激励；员工看重个人成长，企业就可以使用培训激励；员工看重自主性，企业就提供授权激励等。所以对人才激励而言，了解人才都有哪些需求，以及怎样才算满足这些需求，就是非常重要的议题了。

在了解人才激励有哪些具体方法之前，管理者需要了解一些必须知晓的激励理论，提升一下对于人才激励的底层逻辑的认知。

图 6-2 激励的运作机制

必须知晓的激励理论

马斯洛的需求层次理论

马斯洛的需求层次理论是心理学家马斯洛在 1943 年出版的《人

类动机理论》中提出的。这个理论在行为科学、激励等不同领域的
地位举足轻重。需求层次理论把人的需求由低到高分为五个层次，
即生理需求、安全需求、社交需求、尊重需求、自我实现需求（见
图 6-3）。

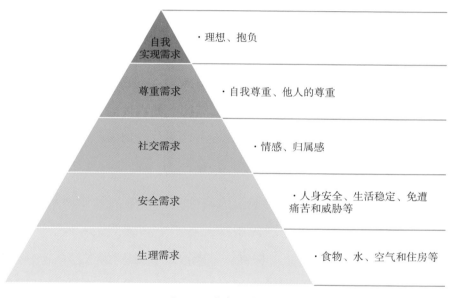

图 6-3　需求层次理论

马斯洛认为低层次的需求在一定程度上得到满足后，人们就会
去追求更高一层次的需求。请注意，并不需要完全满足某一层次的
需求，只需要一定程度的满足。从激励的角度讲，组织需要深入了
解员工究竟处于五个需求层次中的哪一个，才能有的放矢地激励
员工。

双因素理论

双因素理论又称为激励 – 保健因素理论，是由美国行为科学家弗雷德里克·赫茨伯格在 1959 年提出的。通过大量的访谈研究，赫茨伯格发现，让员工感到满意的因素基本都是与工作相关的内容，如内部晋升、上级的赏识、新的岗位、挑战性的工作等，员工一旦得到了成长与发展的机会，觉得自己被组织认可，就会产生巨大的激励。这种直接影响到员工满意度的因素被称为"激励因素"。还有这样一些因素，当处于可接受的范畴时，员工会进入一个既不是满意，又不是不满意的中性状态，但一旦跌破员工能接受的底线时，员工便会表现出明显的不满。这种因素被称为"保健因素"，如人际关系、公司政策、工作条件、工作氛围、工资福利等。

赫茨伯格从这项研究中得出的结论是，传统的物质激励并不会让员工产生极大的、可持续的激励。基于个人的实践经验，我们可以从另一个角度进行总结：保健因素虽然不能起到极大的激励作用，但是如若得不到一定程度的满足，激励因素可能会一同失效。将需求层次理论与双因素理论进行对比（见图 6-4），可以发现上述结论同样适用于需求层次理论的内容，保健因素多处于需求层次金字塔的底层。如果低层次的需求得不到满足，人们会纠结于这个层次，更高层次的激励会大打折扣。我们不可能通过赞美一个忍饥挨饿的人来激励他努力工作，更有效的方式是先请他吃饱，然后再用荣誉、文化加以激励。

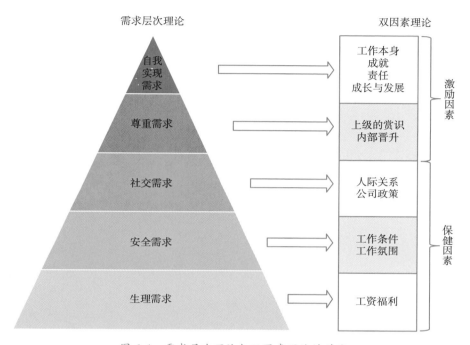

图 6-4 需求层次理论与双因素理论的对比

期望理论

如果有两份工作摆在你面前，A 工作需要每周工作 40 个小时，而 B 工作需要每周工作 60 个小时。请问，B 工作给出高于 A 工作多少的薪资能够吸引到你？

如果两份工作工作时长一样，成长空间、福利待遇等也都非常相似，A 工作的直接上级为人和善，擅长肯定与鼓励；B 工作的直接上级脾气暴躁，喜怒无常，心眼极小且城府极深，请问，B 工作给出高于 A 工作多少的薪资能够吸引到你？

对于这两个看似相近的问题，每个人心中都有不同的答案。这是因为每个人的需求和动机各不相同。一份企业员工心理调研报告针对不同年龄人群的应激源进行了调研，通俗来讲，所谓应激源，就是对人的动力影响最大的因素。负向的应激源一旦出现，会让人瞬间失去动力。该调研报告显示，对"90后"员工而言，排在前五的应激源分别是：

- 违背良心的工作要求。
- 迫于压力的被迫加班。
- 令人讨厌的同事。
- 组织或领导三观不正。
- 组织或领导言行不一。

对"70后"员工而言，排在前五的应激源分别是：

- 沟通对象缺乏反馈。
- 婚姻家庭问题。
- 收入增长缓慢。
- 个人资产贬值。
- 流言蜚语。

从上述的对比中不难看出，不同年龄的员工选择的应激源不同，这意味着他们工作的动力源泉是不同的。事实上，员工在工作中的动机水平受到三种关键因素的影响：

- 需求的匹配程度。
- 价值认同的程度。
- 预期水平的高低。

简单来讲，就是需要一个你认可的人给予你所需的激励，这份激励还必须达到可接受的水平才算是有用的。可见，让一个人动力十足，并不是一件容易的事。

期望理论，又称效价–手段–期望理论，是由心理学家维克托·弗鲁姆在 1964 年出版的《工作与激励》中提出来的。如果说需求层次理论和双因素理论都试图从激励的分类的角度，阐述如何真正地激励员工，那么期望理论恰好弥补了对激励过程的把握。期望理论强调，激励的强度取决于达成目标所带来的满足个人需求的价值大小（效价），以及目标结果出现的概率大小（期望值），公式如下：

$$激励强度（M）= 效价（\sum V）\times 期望值（E）。$$

通俗来讲，对被激励的对象而言，只有同时满足眼前的目标有足够的吸引力，并且经判断目标实现的可能性也不低这两点，目标的激励作用才最大。激励的内容需要满足员工需求的目标价值，也就是公式中的效价，效价会受个人价值取向、主观态度及个性特征的影响，所以量体裁衣最重要。与此同时，期望值必须够大，即目标必须切实可行，是那种跳起来可以摘得到的果子，而不是挂在天上的月亮。

基于上述三个经典的激励理论，管理者可以更好地理解人才激励的底层逻辑及基本原则。

其他的激励理论，如目标设定理论、公平理论、强化理论、自我效能理论等，都是从不同角度探讨究竟什么事情会激发或引导人的行为。譬如，公平理论重点强调的是员工对薪资的满意度对工作积极性的影响，而员工对薪资的满意度来自与他人的比较。强化理论的重点在于，人或其他动物都会重复那些对自己有利的行为，减少或消除那些曾经导致不利结果的行为。感兴趣的读者可以进一步了解这些激励理论。

在确保工作目标、绩效与激励挂钩的前提下，人才激励要遵循以下三个基本原则。

首先，**按需激励原则**，个人需求的类型和程度各不相同，企业需要选最合适的激励手段。

其次，**适度激励原则**，无论正向激励还是负向激励，都应该恰到好处地满足员工的期望，蜻蜓点水让员工抱怨，激励过度则让员工自满，这两种都是大忌。

最后，**及时激励原则**，激励的时机也尤为重要，雪中送炭自然要优于雨后送伞。

基于人才管理能量环模型的六大激励手段

常见的激励因素

有许多不同的激励因素可以促使人们表现得更好，下面这 25 种

是常见的激励因素 。

（1）成就（Achievement）：渴望完成具有挑战性的目标并获得认可。

（2）认可（Recognition）：渴望获得赞扬、奖励和其他形式的认可。

（3）成长和发展（Growth and Development）：渴望学习新技能，接受新挑战，并在职业生涯中有所发展。

（4）自主权（Autonomy）：渴望控制自己的工作，并拥有自主决策的自由。

（5）目的（Purpose）：感到自己的工作有意义，并渴望为社会做出贡献，在事业上有所成就。

（6）精通（Mastery）：渴望成为特定领域的专家，并获得高水平的技能。

（7）创造力（Creativity）：渴望创造性地表达自己，或提出新的创新想法。

（8）挑战（Challenge）：自己走出舒适区，渴望承担困难的任务，并最终克服障碍。

（9）责任（Responsibility）：渴望对自己的工作负责，对工作结果负责。

（10）反馈（Feedback）：渴望获得有建设性的反馈和指导，以帮助自己改进和成长。

（11）合作（Collaboration）：渴望与他人合作，并为团队努力做出贡献。

（12）灵活性（Flexibility）：渴望拥有灵活的工作时间或工作安

排，以实现工作心态更放松。

（13）工作与生活平衡（Work-Life Balance）：渴望在工作和个人生活之间保持健康的平衡。

（14）社会影响（Social Impact）：渴望对社会或世界产生积极影响。

（15）个人价值观（Personal Values）：渴望自己的工作与个人价值观和信念相一致。

（16）乐趣（Fun）：渴望在工作中享受快乐的时光。

（17）归属感（Sense of Belonging）：渴望与同事建立联系，与工作场所建立归属感。

（18）信任和尊重（Trust and Respect）：渴望在同事之间建立相互信任和尊重的工作环境中工作。

（19）公平和平等（Fairness and Equity）：渴望在机会、奖励和待遇方面公平、平等对待。

（20）健康（Health and Wellness）：渴望保持良好的身心健康，并在工作环境中得到支持。

（21）竞争（Competition）：渴望超越他人并赢得竞争。

（22）权力（Power）：渴望影响或带领他人，追求权力的人可能会寻求领导职位。

（23）金钱（Money）：渴望赚取高收入或积累财富。

（24）社会交互（Social Interaction）：渴望与他人建立联系，喜欢团队或社交活动。

（25）好奇心（Curiosity）：渴望探索和学习新事物。

不同的人被不同的激励因素所激励，激励一个人的因素未必会激励另一个人。值得注意的是，这些激励因素并不是互相排斥的，一个人可以被几种激励因素所激励。此外，激励因素会随着人的优先事项和环境发生改变。

怎样进行人才激励

了解了激励理论中各种需求的分类，以及上述的 25 种常见的激励因素之后，我们接下来就要探讨最后一个问题：怎样进行人才激励。

企业进行人才激励，需要完成两个步骤：第一，了解人才的需求；第二，设计并实施相应的激励手段。

首先，为了了解人才的需求，我们要借助人才管理能量内环的三角核心的力量。胜任力管理是基于人的行为对能力进行评价，而人才测评可以预测人的心理倾向，这些信息能够帮助企业更准确地了解人才的动机与需求，选择或设计最有效的激励手段。随着数字化技术的快速发展，也许会出现更有效的了解人的需求的方式，第九章会讲到人才管理的六大数字化转型趋势，介绍一些数字化技术加持后的人才管理举措。不过就目前来讲，还没有比人才管理能量内环模型的三角核心更为有效的方式。

其次，企业激励手段的选择是非常有限的，企业会被有限的内部资源限制，而且没有强大的约束力和文化价值认同。企业要想持续激发员工的行为，就需要在技术层面多做文章，这同样可以借助人才管理能量环模型的力量。

企业人才激励的手段有很多种：物质激励与精神激励，正向强化激励与负向强化激励，过程激励与结果激励等。经过对各种人才激励手段的研究分析，从管理者实用的角度，我们将激励手段分成以下六种类型。

物质激励：通过满足员工物质需求的方法，来调动员工的工作积极性、主动性。物质激励包括涨薪、发放绩效奖金等。很多研究都将金钱归类为保健因素，这意味着金钱无法作为激励因素存在。我更倾向于将薪资、佣金等作为一次性的物质激励，这也符合工作场景中的实际情况。

物质激励的优势是简单易行，在短期内可能非常有效。物质激励的一个风险点是它带来的收益是递减的，可能不会导致持续的行为变化。很多物质激励最后会变成保健因素，失去激励的作用。例如使用涨薪的手段激励人才，在一次性的激励作用褪去后，员工便会把之前的涨薪当作理所应当。但如果这个时候企业降薪，就会引起员工极大的不满，此时薪资涨幅就非常符合保健因素的特性。

物质激励的另一个风险点是目标的转移。如果父母用金钱奖励孩子的学习成绩优异，那么对尚未成熟的孩子而言，学习的目标就会渐渐地变成金钱，而不再是个人成长。这就是目标转移，它的危害是深远且无法承受的。譬如有些营销人员会控制个人业绩，让自己的业绩每月都刚好能拿到绩效奖金，而不超过许多。这当然不是企业想要看到的现象，也说明了物质激励的弊端。

即使有以上的风险和弊端，物质激励仍然是目前在企业中主流的激励手段，这也是将它放在第一位并详细讲解的原因之一。我着重讲解物质激励的另一个原因是想提高管理者对它的认识。物质激励满足的是员工的基础需求，可以说企业物质激励做得不好，其他一切都可能免谈。很多时候，物质激励都不是最佳的选择。在企业中，有很多管理者只会用升职加薪来作为激励手段，如无法兑现，员工可能心生不满，甚至离开，而管理者也会抱怨企业不愿意"激励"员工。在了解了物质激励的优劣势之后，相信管理者对如何激励人才和团队有了更全面的认识，可以将激励的重心放在以下五种激励手段上。

权力激励：组织授予员工一定的权力，使其在直接上级的指导和监督下，能够自主地对工作进行权力范围内的决断和处理。权力激励可以是正式的书面授权，也可以是特定情况下的临时授权，譬如人才发展项目中的岗位实践培养时，通常会设置临时授权的虚拟岗位，这种授权是有时限的，项目结束即授权终止。所授权力也有很多种类，譬如业务拓展权、财政审批权、组织人事权等。

权力激励的一个优势在于激发和引导员工独立工作，并从中进一步挖掘人才的潜力，在满足人才成就感的同时，也提高了人才的能力。大多数员工都处于"追求控制他人"与"摆脱他人控制"的心理活动中，权力激励能带来的动力是巨大的。权力激励的另一个优势是对组织而言的，良性的授权可以减少请示、报告等工作步骤，提高组织的运转效率。

权力激励的风险点在于过程中的不确定性。授权不等于交权，如何把握授权的分配尺度，如何在过程中监督和引导被授权的下属，这些都高度依赖管理者的水平，也带来了不确定性风险。当然，企业中更常见的情况是管理者不擅长或不想授权，权力激励没有落到实处，对员工来说没有作用。授权是一门独立的学问，建议管理者有意识地学习和训练授权的技术。

惩罚机制：企业对产生企业不希望出现的行为的员工施加惩罚，例如末位淘汰、警告、罚款等。相对地，企业在员工产生企业期望的行为时对其解除惩罚，也属于惩罚机制，例如消除负面反馈等。

惩罚机制的优势在于能够快速转变员工的不良行为，清晰地传达企业期望的行为；惩罚机制的效力来自人的危机感，来自危机感的动力往往更加持久。

惩罚机制的风险点在于员工对企业的认同会因此而下降。作为管理者，我们需要认识到，无论全球的人才趋势，还是劳动者相关的法律法规，都在对企业的惩罚性规章制度进行更严厉的规范。学界也一直倡议尽量不用惩罚性措施来激励员工。惩罚机制形同饮鸩止渴，一时的激励效果可能对企业造成长期的损害。总而言之，惩罚机制备受争议。举个例子，曾经广为流传的"三明治"批评法（对员工先表扬、再批评、接着再表扬的一种批评方式）能够让员工更欣然地接受批评，从而改正错误。如今不但很少有人提及，而且有职场精神控制（PUA）的嫌疑。个人建议，基于企业处于全生命周期的不同阶段，"胡萝卜"和"大棒"还是都要准备的，毕竟两者的效果并不能相互替代。随着企业逐渐走向成熟，员工素质处于先进水平，或许惩罚机制就会逐渐被其他激励手段取代了。

目标激励：通过设定具体的、可衡量的目标，提高员工的工作积极性，并在过程中提供反馈和支持，以帮助员工个人达到这些目标。回顾之前讲解的激励的运作机制，就能够理解目标在需求和动机之间起到了纽带的作用。有些人可以靠自己找到满足个人需求的目标，但最符合企业利益的方法是，企业协助所有员工找到能够满足他们需求的目标。目标本身就是具有诱导作用的，如果能够将员工的目标和企业的目标有逻辑地联系起来，让员工与企业形成利益共同体，员工在完成企业目标的同时，也就完成了自己的目标，更接近甚至满足了需求，目标激励就发挥了预期的作用。

目标激励的优势是它符合绝大多数员工的需求，并且相较于其他激励手段，目标激励的成本并不高。事实上，第五章讲解的各种绩效考核工具都附带了目标激励的作用。清晰的目标分解和沟通可以释放员工的效能。有些企业以目标激励为主要激励手段，甚至会从梳理共同的愿景开始，直到协助员工制订与组织共同进步的职业生涯规划，可谓将目标激励做到极致。

目标激励还有员工参与和良性竞争所带来的优势，有些专家会将这两个优势视为独立的激励手段，称之为"参与激励"和"竞争激励"。我们只需要理解，员工参与带来的激励作用源自人对归属感的需求，而良性竞争带来的激励作用源自人对公平和平等的追求，以及对超越他人并赢得竞争的渴望。

目标激励的风险点是对目标设定的高度依赖。首先，对企业与员工目标一致性高度依赖。目标的设定需要各个层级之间花费大量的时间沟通，并最终达成一致，时间成本较高，而且并不是所有的沟通结果都会达成一致。除此之外，目标激励对人性的假设过于乐观，并不是每一个人都期待共赢，而共赢是目标激励的存在基础。其次，对目标设定的明确性与合理性高度依赖。无法实现目标就会导致目标激励失效。不明确的目标、不合理的目标，都会遭到员工的质疑。

学习与发展机会：为个人提供学习成长的机会。这里的机会包含两层含义：培训与发展，包括培训、教育、导师制度和职业生涯计划等；转岗与晋升，同样会获得新岗位的知识与经验，附带着一定程度的物质激励和权力激励。

学习与发展机会的优势比较好理解。首先，不想当将军的士兵不是好士兵，承接更高的岗位、更难的任务，从来都是大多数有雄心的员工所追求的。培训与发展的目的是不断提高员工的胜任力，这也是员工职业发展的必要条件之一。其次，对个人而言，这种激励使其市场竞争力得到了提高，成就感得到了满足。对企业而言，员工个人能力的提高意味着企业能力也会相应得到提高。无须像目标激励那样花费高昂的时间成本做上下级沟通，学习与发展机会的利益一致性是不言而喻的，很少有人会回绝企业提供的学习与发展机会。

学习与发展机会的风险点是预期结果的不确定性。学习，说到底是个体的行为，外界只能提供相应的资源，最终的结果如何，主要依赖每个人的秉性和资质。这就是为什么学习与发展机会在高潜人才这个群体里的激励效果最好。结果不理想对员工的打击是巨大的。很多员工都是在晋升之后选择离开企业的，这对企业而言也是巨大的损失。

价值认同：利用企业文化与价值认同的特有力量，激励员工向着企业期望的目标行动，具体激励方法包括企业文化建设、荣誉激励、榜样激励等。

价值认同的优势在于，它是性价比最高的激励手段。价值认同建立在企业文化的基础之上，一旦员工对企业价值观高度认同，激励作用就会巨大，且持续性最强。此外，价值认同通过企业文化建设等方法，在企业内部营造特定的舆论氛围，使员工产生一种归属感和荣誉感，主动奉献自己的能力与精力。可以说，价值认同是一种终极的激励手段。

价值认同的风险点主要有二。首先，价值认同的建立是复杂且困难的。其次，它高度依赖员工对企业价值观的认同。企业需要细心地、持续地投入对企业文化的建设，而且要规避各种风险，避免负面信息的影响。因为员工对企业价值观高度认同，企业的品牌形象一旦翻车，曾经因价值认同加入公司的员工，有很多会因失望而选择辞职。

无论有多少细分的激励方法，几乎都可以归类为这六大激励手段。这六大激励手段，有的需要借助人才管理能量环的数据来识别人才需求，有的直接依附在人才管理能量环的某一组成部分之中。基于人才管理能量环的人力资本运营能力，上述的六大激励手段会发挥出更显著的作用。

人岗匹配：选得对，也要用得对

第一节　人才盘点

如果说当下人力资源领域最受欢迎、效益最好的咨询项目是什么，以胜任力模型为基础的人才盘点项目一定能拔得头筹。如今，人才盘点已被国内企业熟知，但做得好的企业却寥寥无几。下面这几个针对国内 HR 高管的调研数据非常能说明问题：

- 82% 的 HR 高管无法确认企业是否拥有对的人来保障战略的成功执行。
- 97% 的 HR 高管不太清楚企业的人才结构和分布是否合理。
- 82% 的 HR 高管不了解企业内部人员在行业中处于什么样的水平。

如何了解企业内部的关键人才是否"稳定""胜任"且具备"发展潜力"，将成为影响企业发展快慢的重要突破口，而以胜任力模型为基础的人才盘点是解决上述问题的主要抓手。

为什么做人才盘点

人才盘点即基于如胜任力模型、绩效考核等能力评估，通过盘点的形式来掌握企业人才质量与发展规模是否匹配，并了解企业内部高潜人群的胜任与分布情况。

优质的人才盘点不但能够帮助企业评估各级关键岗位在岗人员的适岗情况，而且能了解高潜人才的目标岗位准备度，为人才的招聘、调配、赋能等提供关键数据。事实上，在很多成熟的外资企业中，人才盘点主要聚焦高潜人才的发展，而非在岗人员的适岗。其中一些走在人才盘点前沿的企业已经不再将人才管理专家进行面对面的行为事件访谈作为盘点的唯一手段，它们更依赖胜任力管理的系统和数字化技术来完成这项任务。在此，我们还是从大多数企业的管理者的角度出发，讨论常规的人才盘点是如何操作的。

在了解人才盘点之前，管理者需要清晰地认识到什么样的员工才是企业的高潜人才。高潜人才要有完成业绩的能力傍身，要具备高敬业度，也要有足够的自驱力和主观意愿去争取更好的成长机会（见图 7-1）。研究数据表明，通常在业绩稳定良好者中，高潜人才仅占15%。所谓业绩稳定良好者，是指在过往两个及以上的绩效考核周期内拥有稳定良好或优秀的业绩表现。

常见的人才盘点实操办法与流程

首先，这里探讨的人才盘点一定是以胜任力模型为基础，能够借助人才管理能量环的协作机制发挥优质作用的。人才管理能量环的应用意味着人才盘点拥有整合分析多个来源的人才数据的能力。我们既有来自绩效考核的数据，又有胜任力评估数据，甚至还有通过360问卷、人才测评等得来的聚焦潜力的辅助数据。在这个基础上，聚焦人才的盘点办法通常有四种：无领导小组讨论＋个人面试、人才评价中心、述职答辩盘点会，以及闭门盘点会。

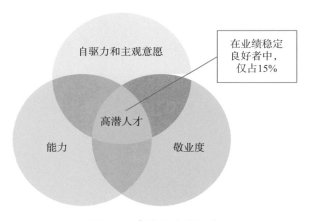

图 7-1 高潜人才的标准

其中，无领导小组讨论＋个人面试和人才评价中心都是通过心理测评、情景模拟等技术来完成对人才的观察与评估的。前者多应用于校招生的盘点选拔，而后者因为资源投入大且非常耗时，仅适用于大型企业的高管继任者盘点。对绝大多数国内企业而言，应用比较广泛的还是述职答辩盘点会和闭门盘点会两种。

述职答辩盘点会

述职答辩盘点会的特点在于被盘点人需要在现场进行述职答辩。

这有利于盘点人对被盘点人进行面对面观察与互动，为评判关键人才提供便利条件。述职答辩盘点会的参会人员通常为盘点会负责人，被盘点人的直接上级、隔级上级（可选），被盘点人，现场还需要相应业务单元的人力资源伙伴以及 1~2 名记录员提供支持。大家各有分工，便于多角度快速形成集体评议。

参会人员的职责分工如下。

被盘点人的直接上级：

- 积极参与人才评审过程。请注意，此时不是仅关注自己的下属，而是要站在盘点会参会人员的角度，对各职能被盘点人进行客观评价。
- 对战略性目标和业务单元里出现的人才危机或挑战进行分析与信息分享，积极参与讨论。
- 盘点会后，在业务单元内部与本部门的被盘点人沟通评审结果。

被盘点人的隔级上级：

- 强化人才评审过程的价值和重要性。
- 参与人才评审过程，评估该过程中的讨论内容与公司目标的一致性。

被盘点人：

- 聚焦能力体现进行个人现场述职，切勿让述职沦为工作汇报。
- 积极参与答辩，充分体现自身的价值观、能力与潜力。

盘点会负责人：

- 充当主持人和人才管理专家，确保整场盘点会专业有序地圆满完成。
- 在评审过程中指导人力资源伙伴并及时提供支持，如更换人才数据材料、收集文件等。
- 在会前把关所有的模板和人才评审需展示的材料；在会中提供现场支持，如胜任力报告解读等；在会后向公司核心管理层汇报被盘点人的评价结果及后续计划。

我们也需要记录员来记录会议现场述职答辩内容，以及上级对被盘点人的讨论和盘点结果校准过程。参会人员需要在盘点会中基于评分标准（见表 7-1），达成对被盘点人的评价共识，譬如区分高潜、中潜、低潜，以及确定其在九宫格中的位置等。

表 7-1 述职答辩评分标准

分数	标准
5分	思路清晰，表达完善且有自信，面对问题反应自如，能力要点考虑周全、完整，态度积极主动
3分	能够完整回答问题，过程具体清晰，经提示和追问可以顺利回答关键能力要点
1分	表达抽象，逻辑混乱，经提示仍无法回答能力要点，对问题呈现情绪化或者抵触态度

在述职答辩过程中，参会人员可以利用问答环节来补全有关人才的盘点信息。可以参考5W2H法（见表7-2）有的放矢地进行补全提问。

表 7-2　用 5W2H 法进行述职答辩提问

5W2H	What	When	Where	Who	Why	How	How many/much
背景	发生了什么事情	什么时候发生的	发生在哪里	谁做（负责）的	为什么会发生		
任务	面临的任务是什么？要解决的问题是什么						
行为	做了什么	什么时间开始/结束的	在哪里进行的	哪些人参与了？你的角色是什么	为什么要这么做？当时你是怎么想的	怎么做的？具体经过是怎样的	花了多少钱？用了多长时间
结果						结果如何？造成了什么样的影响	

闭门盘点会

闭门盘点会是在国内企业中应用最广泛的盘点办法。其主要特点在于私密性更强，被盘点人只需要参与前期的行为事件访谈，无须参与盘点会。闭门盘点会的主要时间交给参会人员进行讨论。闭门盘点会的参会人员通常为盘点会负责人，被盘点人的直接上级、隔级上级（可选）。

无论是述职答辩盘点会还是闭门盘点会，站在不同角度、代表不同立场的参会人员都需要遵从相应的原则。

首先，参会人员一定是站在组织全局角度的，他们需要跳出自己所辖的业务或职能范围，从组织全局的角度对人才进行评价。

其次，所有的评价都需要基于事实和数据，避免主观臆断。所有参会人员都应结合预先准备好的人才数据，对被盘点人进行分析洞察，形成个人建议。

最后，重点是达成共识，人才盘点会的讨论过程通常会出现针锋相对的场景，这不但需要盘点会负责人有效地引导，而且需要参会人员具有开放的心态，评价有差异是非常正常的，重要的是针对差异充分分享个人观点，力求达成共识。

M公司从2011年实施人才盘点以来，已经通过该人才管理举措实现了满足业务发展的足量人才储备。每年年中和年末，M公司的干部管理部都会对参与人才盘点会的评委和管理者们进行人才盘点流程的宣贯，确保大家了解人才盘点的目的和自己在其中所扮演的角色及承担的职责。

在经过了一轮干部访谈之后，干部管理部已做好前期的材料准备，接下来就是召开人才盘点会了。M公司的人才盘点会采用的是闭门盘点会的形式，无须被盘点人到场，这就意味着人才盘点会高度依赖通过行为事件访谈获得的人才胜任力数据和过往的绩效考核评价结果。

人才盘点会流程如下。

（1）人才盘点会开场：由主持人来简要介绍人才盘点会的目的、盘点流程及时间安排。

（2）被盘点人介绍与分析：

- 介绍被盘点人的个人履历、业绩表现、价值观，评价现岗位的胜任度。
- 针对胜任度等级高的被盘点人，分析其经验和潜力，评价目标岗位的准备度，并就未来发展方向与培养动作进行建议。
- 针对其他胜任度等级的被盘点人，重点分析后续管理举措（如调岗、培训等）。

（3）共识与校准：

- 就被盘点人的业绩表现、价值观、经验和潜力进行补充或修正。
- 就被盘点人的现岗位胜任度与目标岗位准备度达成共识。

- 就被盘点人的未来发展方向与培养动作达成共识。

（4）盘点结论记录存档：根据人才盘点表，就各方对被盘点人的共识结论、发展建议等信息进行记录存档。

人才盘点会的工作流程

人才盘点会的工作流程包括前期准备、会中研讨、成果输出三个阶段（见表7-3）。人才盘点会的前期准备至关重要，在多数案例中，企业都会在人才盘点会开始之前进行大量的行为事件访谈，用胜任力数据来分析被盘点人的能力情况。前期准备还包括在各类人才数据齐全的情况下，为人才盘点会准备好相关材料。

表 7-3　人才盘点会的工作流程

前期准备	会中研讨	成果输出
• 确定盘点方法 • 通过访谈、测评收集数据 • 整合分析 • 根据工具模板填报信息 • 根据需要打印文件	• 解读并探讨整体分析结果 • 确认或校准 • 记录关键论据 • 各方达成共识	• 人才地图 • 团队健康度 • 继任计划 • 个人发展档案 • 组织分析诊断

在会中研讨阶段，主持人需要进一步解读人才的潜力特质如何影响其行为表现，进而影响工作绩效。有效的人才盘点会需要经验丰富的引导者紧扣胜任力模型寻求具体事例，结合被盘点人所处的外部环境及面临的挑战，充分探究其性格特征、动机和行为之间的相互联

系，以及这种相互联系对工作绩效的影响。

最后的成果输出是人才盘点的价值体现。盘点成果不但能够助力人才的职业发展，而且能帮助企业做好任用调整，有助于提升企业的效能。

人才盘点的成果与应用

人才盘点之所以备受企业和管理者关注，是因为它的性价比颇高。人才盘点的成果聚焦在人才的识别方面，对组织和人才都有着举足轻重的影响。

在组织层面，人才盘点会影响到关键岗位的人员调整。对于任何一家企业，关键岗位的人员都会直接影响企业战略的落地，可以说是决定性因素之一。人才盘点的对象通常是这些人员，盘点过程中会讨论这些人员的适岗情况和人岗匹配程度，最终按照合议的结果进行调整。

人才盘点通过了解高潜人才的现状，对团队效能进行改进。基于不同团队之间的对标分析结果，企业可以对高潜人才比例偏低的职能或业务单元及时整改，譬如提供系统性的人才发展资源等。

人才盘点能够及时发现企业的短板或漏洞，方便查缺补漏，避免系统性风险。人才盘点可以发现并确定个别关键岗位出现的高潜人才短缺的情况，企业会依据人才盘点结果和建议来及时通过社会招聘或者校园招聘补充新鲜力量。

在人才层面，人才盘点会影响到个人的职业生涯规划以及短期的个人发展计划。通过人才盘点之后的一对一反馈，被盘点人可以了解到企业基于盘点成果对其个人发展计划的建议。

人才盘点的成果直接影响到企业对个体的资源分配。人才盘点成果会在晋升和轮岗的流程里起到决定作用。因为企业的资源是极其有限的，高潜人才有希望被分配到更多的资源和机会。

我们接下来具体了解一下人才盘点的五项成果。

人才盘点成果之一：九宫格

九宫格是人才盘点最常用的成果呈现工具。人才盘点的九宫格以不同维度的评价结果为横纵轴坐标，将每一个被盘点人落位在九个格子之中。这也是人才盘点会上需要最先讨论的议题。九宫格不但包含了有关人才的多维度评价结果，而且能够直观地展现企业内人才分布的人才地图。

三维九宫格调整原则有三条：根据被盘点人述职情况、日常表现及部门成员之间的对比进行微调；调整被盘点人在九宫格上的位置需要提供其业绩贡献和行为表现作为依据；原则上只能调整到相邻格，不可跳格调整。

人才盘点成果之二：组织诊断图

人才盘点的第二项成果就是组织诊断图。我们在第五章第三节中，详细介绍了聚焦人才的组织诊断图，以及该工具是如何帮助企业规避业务单元因能力短板而造成的潜在风险的，感兴趣的读者可以温故而知新，在此不再赘述。要着重强调的是，绘制组织诊断图的任务通常由人才管理专家完成，与此同时，组织诊断图要求绘制者深度理解业务，这也是对人才管理专家提出的高标准、严要求。

人才盘点成果之三：人才盘点个体报告

人才盘点为所有的被盘点人都准备了一份个体报告（见图 7-2）。在这份人才盘点个体报告中，被盘点人的基础数据，如姓名、当前岗位等，由人力资源部输入；被盘点人的"在公司主要工作成就"和"外部主要工作经历和经验"，均来自人才盘点会之前的行为事件访谈内容；其余信息来自人才盘点会。这份人才盘点个体报告为盘点委员会提供了前期调研数据，更是人才盘点会过程中的信息记录工具，以及人才盘点会的成果之一。

人才盘点个体报告依照人才盘点会的流程，建议按照下述的顺序引导盘点委员会成员填写。

（1）优先对九宫格进行定位确认。填写过程中建议默选，以防个人评价结果受到他人干扰。

（2）结合报告分析被盘点人的优势和不足，并在会上达成共识。

（3）讨论被盘点人晋升到目标岗位会遇到的关键问题，并提出意见反馈。

（4）盘点委员会基于已达成共识的个人能力特点，结合被盘点人的个人意愿，讨论潜在的目标岗位方向。

（5）探讨聚焦被盘点人的下一年度发展计划。

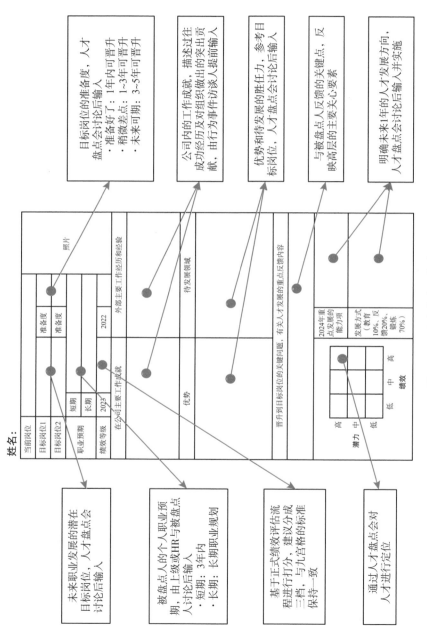

图 7-2 人才盘点个体报告

人才盘点成果之四：支持继任计划的数据

人才盘点的数据还会被应用到继任计划当中，例如表 7-4 所示的人才名单。我们不仅可以通过人才盘点了解到企业有多少高潜人才，还能了解到这些人才的分布、目标岗位准备度等。事实上，表 7-4 中的这家企业还不具备成熟的继任计划，正是因为它们进行了人才盘点，才有办法了解内部是否有足够的储备人才以备不时之需。

表 7-4　继任计划的人才名单

储备人才结构			
各城市公司营销负责人			
城市	向上层发展	胜任	待发展	不胜任
A 市	1	3	1	1

人才盘点成果之五：人才梯队建设指导意见

正如人才盘点个体报告中有关人才发展的重点反馈内容，人才盘点过程中的很多信息都会助力人才的培养与发展。人才盘点识别出的各层级高潜人才也会被人才梯队吸纳到各级人才池中。针对各层级不同类型的人才发展项目也需要基于胜任力来定制化设计。总之，人才盘点与人才梯队建设之间有着相互支持、互惠互利的关系。我们会在第八章第一节详细展开。

人才盘点几乎被各大人力资源咨询公司的行业分析报告评为中国企业需求最多的人才咨询项目，主要是因为企业和管理者都非常在意是否用对了人才。因为人才盘点的技术门槛比较高，所以多数情况下企业都需要邀请咨询公司提供项目设计，甚至外包整个盘点实施的过程。事实上，由咨询公司主导的人才盘点项目大多数仅聚焦人才盘点流程本身，很少会延展到上述全部的成果。咨询公司毕竟不是为企业量身定制一套人才管理体系，要考虑项目的性价比。

第二节　继任计划

"谁是我的接班人？"这不仅仅是 CEO 等高管需要考虑的问题，也应该是各层级管理者都需要提前筹划布局的议题之一。继任计划正是为了提前识别并培养优秀的继任者而存在的。

改革开放四十余年，继任计划对中国企业来说早已不再陌生。直至今日，仍然有很多企业对继任计划讳莫如深。培养杰出的继任者理应是企业管理者的必修课，然而，因为业绩的压力、组织的忽视、个人的顾虑等因素，很多管理者都不愿或者无暇关注继任者的识别与培养。这种时候就需要企业提供强有力的政策与机制支持。

什么是继任计划

拉姆·查兰认为："继任计划是指在领导梯队中培养各级高绩效人员，以保证每个领导层级在现在和将来都拥有足够的高绩效者，从而确保公司基业长青。"继任计划是在企业内识别和培养高潜人才的机制，这些人才有潜质在未来填补关键的领导职位。继任计划的目标是确保企业拥有运筹帷幄的人才通道——无论由于人员的退休、晋升还是其他原因，企业都有合适的继任者准备好在需要的时候承接空出来的领导岗位。

继任计划通常涉及评估当前和未来的人才需求，识别高潜人才，提供培养和发展的机会，并创建一个随着时间的推移将潜在的继任者过渡到新领导者的计划。如果可以借助人才管理能量环的力量，依据人才管理能量内环三角核心的数据来筛选有潜力的人才，通过人才盘点和人才梯队建设来确保这些人才得到了充分关注和培养与发展的机会，那么继任计划就能够做到"选对人"，而后"用好人"。继任计划通常也被当作企业进行人才管理的终极目标之一。

继任计划最大的优势在于其预见性。继任计划不但要回答哪些岗位可能在什么时候出现空缺，而且要清楚人才池中有哪些潜在的继任者。在空缺岗位出现之前，继任计划会预先识别出相应的继任者，并且重点关注、辅助培养。显然，长期供需预测存在极大的不确定性，但是未雨绸缪总是好的，因此继任计划仍然受到大多数企业的青睐。

实施继任计划需要的步骤

N 公司是一家中国知名体育用品制造商，在 2012 年年初，N 公司设计并实施了组织内部的继任计划。N 公司希望通过制订有效的关键岗位继任者、后备人才梯队以及岗位轮换计划，在职培训等人才培养与发展计划，合理地挖掘、开发和培养后备人才，建立人才梯队，为N公司长期可持续发展提供人力支持。以下为N公司继任计划项目书的内容精炼总结。

N公司继任计划实施原则如下。

坚持系统管理原则。将继任者培养和人才梯队建设与人力资源规划、人才培养与发展、职业生涯规划、绩效管理、晋升与淘汰等有机结合。

坚持"内部培养为主，外部引进为辅"原则，并采用"能上能下"的机制促进人才流动。

坚持"核心能力标准"原则，努力培养满足公司发展的战略要求，具备各岗位胜任力素质的人才。

继任计划项目组成员如下。

N公司总经理及集团各职能负责人分别选入项目执行组和项目管理组，由N公司总经理担任项目总指挥，人力资源负责人担任副总指挥。

继任计划项目推进计划如表7-5所示。

表7-5 继任计划项目推进计划

编号	关键事项	完成时限	责任人
1	编制继任计划推进表	8月30日	
2	起草、讨论及签订继任计划项目建议书	9月20日	
3	成立项目组，召开第一次项目成员会议	9月25日	
4	各职能部门甄选继任者（含自评及评估报告）	10月10日	

（续）

编号	关键事项	完成时限	责任人
5	对各职能部门提报的继任者进行人才测评	10 月 15 日	
6	项目组成员对提报的继任者进行评估	10 月 20 日	
7	根据项目组最终评估结果，将继任者纳入人才池	10 月 22 日	
8	与继任者进行沟通，并反馈人才测评报告中的个人建议部分	10 月 30 日	
9	对继任者的培训需求进行汇总	10 月 30 日	
10	针对继任者制订培养计划	11 月 5 日	
11	绘制继任者及后备人才梯队模型	11 月 30 日	
12	约定定期与继任者进行一对一沟通	长期（考察期一年）	

继任计划可以一直往下触及一线经理层级。继任其实就是管理者的向上流动。对企业而言，可选的继任者存在于目标岗位向下一层的人才池中，所以确保有足够的有潜力、高绩效的人才储备是继任计划成功的关键之一。

继任计划的流程设计有很多种方式。譬如拉姆·查兰基于他的领导梯队理论，设计了实施继任计划的五个步骤。

第一步，调整你的领导梯队模型以适应企业的继任需求。

第二步，用适合企业的话语阐释绩效和潜力标准。

第三步，在企业内公示和讨论这些标准。

第四步，用潜力 – 绩效组合矩阵评估继任者。

第五步，经常认真审核整个领导梯队的继任计划和实施进展。

还有国内企业常用的继任计划十步法，从战略目标的分解开始到最终的评估结果应用，系统化地描述了继任计划项目步骤模型（见图 7-3）。

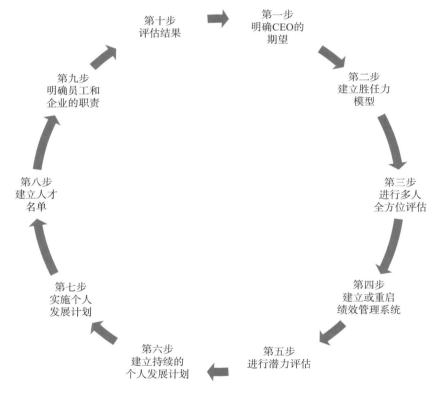

图 7-3　系统性的继任计划项目步骤模型

注：该图取自网络。

纵使实施继任计划的流程有很多种，但如果我们仔细比较分析它们，就会发现其中的关键步骤是具有共性的。我们不妨通过分析上述的继任计划十步法，来了解人才管理能量环是如何让继任计划的实施水到渠成的。

首先，明确 CEO 的期望。最初的一步实际上想传达两个重要的信息。

第一，继任计划需符合战略需求。这一点毋庸置疑，所有人才管理举措都应以助力战略落地为首要目的。第二，战略目标的分解很重要。我们在第一章第二节已经分析过战略、组织与人才之间的能量关系，所有的子目标都应该来自战略。

其次，第二步至第五步都可以被人才管理能量内环的胜任力管理、人才测评和绩效考核完全覆盖，而且人才管理能量内环的设计要更加完善，工具效度更高，数据更准确。

最后，第六步和第七步涉及的个人发展计划仅是人才管理能量外环的人才梯队建设、培训与发展两个应用场景中的一项工具，而第八步也只是人才盘点五项成果之一。第十步也是应用在人才管理能量外环的不同应用场景之中。

拉姆·查兰提出的五个步骤是以领导梯队理论为前提的，这个前提本身需要付出很多努力，如人才梯队的建设。而且仔细理解这五个步骤，就不难发现万变不离其宗，关键动作是具有共性的。

所以如果企业以人才管理能量环模型作为组织的人才管理体系，

继任计划的实施是水到渠成的。而且人才管理能量环模型提供的优质数据和人才增值循环机制能够有效地提升继任计划的准确性和预见性。

第三节　职业生涯规划

什么是职业生涯规划

职业生涯规划就是基于个人的职业选择，为达成选定的职业目标而持续进行的系统的规划过程。如果说继任计划是组织对人才管理的投资回报，那么职业生涯规划就是员工能从人才管理体系中获得的最佳回馈。

"你的天赋才能与世界需求交叉的地方，就是你的使命所在。"职业选择是人生的一项重大决策。很多人都希望在踏入职场的初期就能够找到既喜欢又适合的工作。但现实中大部分情况并不尽如人意。很多人对职业没有规划的意识，也就很难找到自己的天赋才能与世界需求相交的那个价值点。

现实中也常会出现"不是我选择职业，而是职业选择我"的尴尬境地，很多人因此放弃了对自己的职业生涯进行规划。要么抱着随意的态度，有什么工作就做什么；要么挑三拣四，做什么工作都不长久，最终难成一事。对每个职场人而言，尽早了解自己的才能所在，有助于未来的职业发展。

什么是理想的职业

　　职业的选择通常有四个考量维度：职业兴趣度、职业适合度、职业胜任度、职业机会度。所谓理想的职业需要满足四个条件（见图7-4）。最佳的职业选择必须是本人喜欢且适合的工作，并能通过个人的努力来胜任岗位。

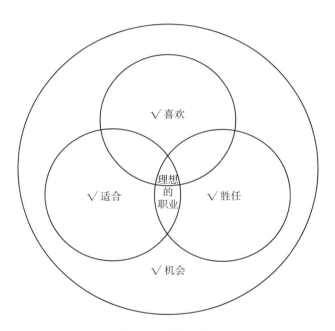

图 7-4　理想的职业

　　"喜欢"就是指职业兴趣度。沟通能力强的人也许适合从事对沟通能力有要求的工作，譬如营销岗位，但是如果本人并不喜欢营销岗位，也是无法将其作为长久的职业规划的。在员工有了一定的阅历之后，他的职业兴趣度会尤其受到个人价值观的影响。

理想的职业的前提条件是有"机会"，主要指这份工作是被市场所需求的。有的岗位经过数字化技术的洗礼，就不再被市场需要了，这也体现了"人无远虑，必有近忧"的道理。

"适合"和"胜任"都与员工完成一项工作应具备的胜任力有关，前者更多地指向动机，后者包含胜任力的五种形态。员工可以通过人才测评来了解自己的职业适合度，如第四章介绍的霍兰德职业兴趣测验、沙因职业锚测评。职业胜任度的评价方式，如行为事件访谈、人才盘点等，都是本书的重点内容。可以说，如果企业使用人才管理能量环作为人才管理体系，那么员工在职业选择方面也会得到更多的资源支持。

怎么做职业生涯规划

员工规划的职业生涯

一个人职业生涯的黄金时期非常有限，留给我们试错的机会并不多，每个人都应该认真思考和规划自己的职业生涯。

通常所说的职业生涯规划多指从员工的角度自主发出的行为。不同学者、专家的研究将职业生涯划分为不同的阶段，有三段论、六段论，甚至还有十段论。其实整体上没有特别大的差异，现实中的职业生涯也没有清晰的阶段划分。基于理论和个人工作经验，可以粗略地将职业生涯划分为五个阶段。

我们可以将完成学业之前的时期统称为职业生涯的准备阶段。大多数的本科毕业生在 22 ~ 24 岁之间，如果读研，时间再增加。客观来讲，在中国，这个准备阶段的时长正在不断地延长，这很难说是好是坏。准备阶段是需要"准备"的，在校生应该多尝试兼职、实习，这个阶段的试错成本也是最低的。

　　第二阶段是职业生涯的探索阶段，从找工作开始到第一份正式工作结束。这与很多职业生涯理论的划分方式有所不同，这些理论大多数界定探索阶段是以 30 岁为界限的，无论哪一种界定方式都有其道理。而我之所以选定"第一份正式工作结束"为探索阶段结束的时间，是因为一方面首次找工作的过程和第一份工作经历对一个人的职业素质、行为规范的影响最为深远。这也是为什么建议应届毕业生一定要重视平台的选择，而不是过分看重薪资水平。另一方面是建议应届毕业生重视第一份工作，争取在这个过程中努力了解自己，摸索出自己理想的工作大致的特点，而不是频繁地跳槽。如果可以，建议应届毕业生在第一家企业坚守 3~5 年，磨炼自己，圆满完成职场转身的过程。那么选定 30 岁为探索阶段结束的时间有没有道理呢？通过换工作来探索自己的理想工作是不是也应该属于探索阶段呢？这都是可以的。界定职业生涯阶段只需要理论上和逻辑上合理，如何走好自己的职业生涯是一条经验性的单行道。无论在第一份工作上做了多久，这段经历都会对一个人的职业生涯产生深远影响。

　　第三阶段是职业生涯的快速发展阶段，通常在 30~40 岁。人们开始在选定的道路上努力学习、积累经验，并力图快速发展。这个阶段理应是每个人职业生涯的高光时刻，但是如果在第一、第二阶段没有做好规划或者运气不佳，这个阶段的体验就因人而异了。

第四阶段是职业生涯的成熟阶段，通常在 40~50 岁。人们还是要通过终身不断学习来巩固自己已经获取的行业地位，在企业岗位上坐稳。这是一个不进则退的过程，也是所谓中年危机的高发期。

最后是职业生涯的后期阶段，即 50 岁至退休。很多人都在这个阶段寻求自己人生的第二曲线，寻找与个人兴趣爱好相关的新技能或新职业，为退休生活做足准备。当然，也有人会选择延迟退休，前提是要拥有足够的实力，这和第一、第二、第三阶段是息息相关的。

每个人的职业生涯规划都是不一样的，毕竟每个人的人生轨迹各不相同。以上职业生涯五段论仅供有需要的读者参考。

企业设计的职业发展路径

在过去很长一段时间里，规划职业生涯都被当作员工自己的责任。随着时代的进步，越来越多的企业愿意为员工提供更多的支持，这里面也包括支持他们更好地规划职业生涯。企业不仅会引进人才测评，帮助员工了解自己，还会设计人才发展项目，帮助员工提升自己。当然，进入不同的人才发展项目，需要经过相应的筛选。

> O 公司是国内一家知名地产集团，年销售额高达 4000 亿元。O 公司非常重视内部人才，大多数核心岗位上都是在公司工作多年的高管。O 公司还特别强调"给年轻人机会"，并将这一点写入了企业文化。O 公司现有校招生员工 4000 余人，预计未来校招生入司的员工占比将达到 20%~30%。

为了助力校招生成功完成职场转身，帮助他们寻找理想的岗位，O公司设计了为期三年的校招生全周期培养项目。这个培养项目不仅包含了校招生的选、用、育、留，还为他们配备了职业导师。职业导师与校招生的比例控制在1：2以内，并且这些职业导师都是经过层层选拔的。职业导师与校招生之间关系密切，O公司也为他们设计了具体的任务，如表7-6所示。

表7-6 职业导师任务

职业导师任务	学生动作	职业导师动作
师生互选	选职业导师	选学生
师生辅导	记录师生沟通信息	查看师生沟通信息
工作日志	填写每周日志	查看并评价日志
工作任务	填写师生任务	确定师生任务
业绩反馈	复盘自己的业绩与收获	查看学生的业绩达成情况

O公司还准备了少量的预算作为"学生会基金"，举办有关职业生涯的讨论会，邀请高管作为嘉宾分享经验，甚至购买有帮助的图书开展读书活动等，旨在激发校招生的自主性。

上述这些动作都是在帮助校招生稳健地、高效地度过职业生涯的探索阶段。校招生们不但会受益匪浅，更会因此感激组织、认可文化，从而变成企业未来的主力军。

企业还会设计职业发展通道，为员工提前准备企业内部的完整职业发展路径。这样能够让企业更清晰地了解内部人才的岗位职级分布情况，也有助于员工更加聚焦内部的职业发展。为了满足不同类型的员工职业发展需求，越来越多的企业都会设计多通道职业发展路径。最常见的就是专业序列和管理序列的双通道职业发展路径，销售人员的双通道职业发展路径如图 7-5 所示。

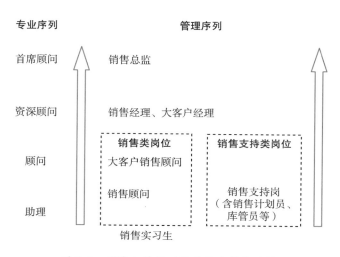

图 7-5　销售人员的双通道职业发展路径

通常情况下，企业内部的职业发展路径会基于岗位和职级来设计。其中，管理序列比较常见，其职业发展路径大多数依托领导梯队模型，我们会在第八章第一节详细论述。所谓专业序列，是为"专才"设计的一条职业发展路径。专业序列不同于管理序列（见表 7-7），是根据员工个人的专业能力来衡量等级的发展体系。每个员工在组织中以承担某一岗位的身份出现，同时每个员工还将有一个专业序列等级以体现其专业能力。专业序列的使用变得越来越普及，很多企业都决定实施双通道职业发展路径。

表 7-7　专业序列与管理序列的对比

序列	专业序列	管理序列
主要对象	聚焦个人	聚焦岗位
等级划分依据	根据个人的专业能力，划分专业序列等级	根据职责的不同，划分岗位的等级
设立的作用	更快提升个人专业能力，实现职业发展；为企业打造一支专业能力过硬的人才队伍	聚焦领导力，提升业务和团队管理能力；使团队获得有效的分工协作，从而提升组织效能

专业序列的出现为企业带来了三点好处。**首先，员工的上升空间更广阔。**这种双通道甚至多通道的职业发展路径，能够让员工拥有更多的上升空间。事实上，不是所有人都适合在管理序列的通道上挣扎，大多数人并不适合或不喜欢管理他人。只不过过去的企业只有这一条上升途径，许多专才因此而被埋没。**其次，员工所需的专业能力得以体系化。**这样，企业可以聚焦胜任力，建立完善的人才发展项目，更有效地培养人才。企业还可以借此更有效地沉淀组织的知识和经验。**最后，优秀人才得以保留。**企业内部上升通道明确且畅通的话，员工就会更愿意在这家企业做长期规划。

专业序列和管理序列并不只是两条平行通道，应允许员工的横向变化，并配备相应的机制。譬如图 7-5 中提到的，销售经理是可以参加销售顾问序列的专业等级评定的。

企业内部资源是极其有限的，所以在支持员工职业生涯规划的同时，企业也非常关注投资收益。企业依靠人才管理能量环模型，既能够保障人才的有效识别，有的放矢；又能够通过人才发展，促进高潜人才的成长，最终通过继任计划，为企业呈现最佳的效果。就像第二章中提及的内生型 CEO 亨利，还有 GE 的杰克·韦尔奇等，这样的投资回报足以抵销前期数十年的成本投入。

人才发展：给票子，不如给未来

第一节　人才梯队建设

人才梯队建设是人才管理能量外环九个应用场景中少有的非年度长期投资项目。所谓人才梯队建设，即依据企业整体人力资本规划，借助人才管理体系来搭建内部人才梯队，其目的是避免人才断层，并保障企业时刻拥有充足的人才储备。简言之，它是为了储备和培养不同类型层级的领导者而存在的。

人才梯队建设的重要性

人才储备的重要性

杰克·韦尔奇曾明确表示："在职业生涯中间发现和形成人才储备，随时调用……将最巨大的支持和资源授予最优秀的人才。"人才管理的所有举措都要围绕企业战略的需求，正是因为业务有需求，企业才需要考虑各级人才的储备。"外招"与"内选"作为企业人力资本的双足而立，二者同等重要。而在企业面对经济下行的市场环境、行业震动的危急时刻，内部人才梯队的重要意义更为突出。

培养领导者的重要性

德国动物学家霍斯特发现了一个有趣的现象：鲹鱼因个体弱小而常常群居，并以强健者为头鱼。如果将这条头鱼脑后控制行为的部分割除，它便失去了自制力，行动也发生紊乱。这个时候你会发现，虽然头鱼明显不正常了，但是其他鲹鱼却仍像从前一样盲目追随它。这就是所谓的"鲹鱼效应"，也称"头鱼理论"。可见，"头领"的重要性早已被验证过。

人才梯队很重要的一个作用就是为企业培养有能力且忠诚度高的领导者。人才梯队上承组织的继任计划，下接员工的职业生涯规划，是两者间至关重要的衔接通道。人才梯队的建设符合企业和个人的共同利益，但它是一项投入巨大的工程，并不是所有企业都适合立即提上日程的。它需要建立在相对完善的人才管理体系之上，和人才盘点、继任计划、培训与发展等各人才管理能量环模型的组成部分都有深度协作。

不仅如此，中国企业的人才梯队建设也有其独特之处，本土化是必不可少的，有时候也需要做很多订制化的处理。

中西方企业人才梯队建设的不同之处

西方企业的人才梯队多是遵循拉姆·查兰的领导梯队模型进行搭建的。人才梯队搭建的知识与技术基本上是全球相通的，但在人才梯队建设的理念与底层逻辑方面，中国本土企业与外资企业的差异性就凸显出来了。

P公司是一家跨国经营的中国企业，在美国、新加坡等国家均有业务及团队部署。P公司走向国际化是近几年的事情。对这样一家传统的中国企业而言，走出国门是它的战略决策，它也预见到会遇到很多经营与管理问题。尤其在人才方面，不但对各个岗位的人才有大批量需求，而且需要招募很多本土的人才。

P公司为此聘请了专业的团队来为其搭建人才梯队。就结果而言，该人才梯队的建设不仅解决了企业快速扩张期间令管理者苦恼的"岗等人"的问题，还首次盘点了企业内部的人力资源。

对人才而言，在一家企业是否有发展前景是选择工作时非常关键的一个要素。人才梯队的完善也给予了外部人才加入企业、内部人才留在企业的信心。

作为一家中国本土企业，P公司到底是如何搭建符合自身需求的人才梯队的呢？

我们先从结构组成的角度来看一下P公司的人才梯队与B外资企业的人才梯队有何不同。我们将P公司与B外资企业的人才梯队进行了对比（见图8-1）。作为一家年销售额千亿元、员工过万人的中国本土企业，P公司人才梯队建设的实践水平已经是国内一流，在专业的理论基础之上，又按照企业自身特点完成了本土化、定制化的改造。

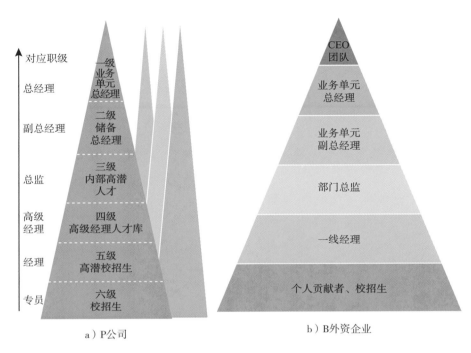

图 8-1　P 公司与 B 外资企业人才梯队模式样例对比

第一，P 公司的人才梯队的形成是自上而下的，而 B 外资企业的人才梯队的形成是自下而上的。P 公司的人才梯队非常具有中国特色，它是基于业务单元总经理这个关键岗位而设计的六级人才梯队架构，也就是先有了金字塔尖，再逐层向下设计的。其核心目的是满足企业急速扩张的背景之下对少数关键岗位的人才需求，不同层级的人才都有一个一致的目标岗位：业务单元总经理。这也是为什么在图 8-1 中，代表 P 公司的人才梯队的"金字塔"有四个，因为是按照四个关键岗位来自上而下设计的。B 外资企业的人才梯队旨在覆盖企业内部大多数员工的个人发展，每个员工可以有不同的岗位期望。人才梯队也为员工提供了横向或者纵向的上升通道，同时也鼓励各级人才停留在本层级。

第二，P公司的人才梯队仅聚焦企业内部筛选出的高潜人才。只有经过人才管理能量内环识别出的符合入池要求的员工，才能被纳入对应层级的人才池。这个过程是通过基于胜任力模型的人才盘点来完成的，绩效考核和人才测评结果作为辅助数据也发挥了很大的作用。B外资企业的人才梯队几乎是覆盖全员的。虽然层级越高，入选门槛也越高，但其人才梯队覆盖范围远远超过P公司。尤其是在对待校招生方面最能说明这个差异。B外资企业之中有一个人人知晓的理念，就是校招生会被默认为有潜力的员工，无须参与人才测评。因为B外资企业相信年轻人一切皆有可能，也愿意多花些时间让他们自行成长。而P公司则更讲求优中选优，所以会在校招生入职的第一年年底就找出高潜校招生，之后便会集中资源给他们。

第三，P公司更关注人才培养的产出成果，B外资企业聚焦打造人才发展的生态环境。正如图8-1所示，P公司聚焦不同业务板块的四个"一把手"岗位，分别建设了四个独立的人才梯队，这更突出了公司愿意付出大量资源搭建人才梯队的核心目的。其中创始人的想法影响深远，继任计划的考量才是重中之重。而B外资企业的人才梯队建设几乎没有成才率、"板凳厚度"等考核指标，也很少会加入各种强有力的干预，如强制流动机制等。

事实上，上述这些P公司人才梯队搭建的特点也会为负责人才梯队搭建的团队带来巨大的影响。譬如P公司会为搭建人才梯队的负责人设定颇具挑战性的量化指标，并且通常时间短、任务重。最终，任务的圆满完成还是得益于人才管理能量环模型的应用，不但在前期提升了人才识别的准确性，而且在后期的人才培养过程中，基于高潜人才的详细数据提供了定制化培养方案，加快人才的成长速度。在大多数外资企业中，这样的量化指标几乎是不存在的。

我们通过上述内容已经认识到中国本土企业和外资企业人才梯队建设的诸多差异，这些都是在表面上呈现出的特点，其根源与企业文化、企业发展阶段及规模等因素息息相关。像 B 外资企业存在百年，并不存在大量空缺岗位。并且 B 外资企业的人才管理体系成熟，各级人才池储备充足，空缺的岗位基本上都可以通过内部人才来填补，该企业的人力资源部门几乎没有长期负责招聘的团队，仅有校招团队。而中国本土企业面临的人才场景要大不相同。这里并不存在对错之分，只要是能够助力企业发展且合规合法的人才策略都值得尝试。

人才梯队理论

中国古代的领导者层次

《道德经》第十七章："太上，不知有之；其次，亲而誉之；其次，畏之；其次，侮之。信不足焉，有不信焉。悠兮其贵言。功成事遂，百姓皆谓：'我自然'。"

早在两千多年前，老子就为我们讲述了领导者的不同层次。上文大意是：最好的领导者，人们并不知道他的存在；次一等的领导者，人们亲近他并且称赞他；再次一等的领导者，人们畏惧他；更次一等的领导者，人们轻蔑他。领导者的诚信不足，人们就不相信他，最好的领导者看着整日悠闲，实则谨言慎行，很少发号施令。等到事情办成功了，老百姓都说"我们本来就是这样的"。

《道德经》这一段值得所有管理者仔细思考，回味无穷。这里就要着重强调一下，**管理者和领导者是完全不同的概念**。管理者未必是领导者，且管理者应以成为优质的领导者为目标来提升自我。谈起对人的管理，我始终认为中国的传统管理智慧是非常有价值的，至少比肩西方当代管理理论。几千年前的古人便有这样的认知，真是让人惊叹不已。

所谓最好的领导者，便是老子口中的"无为而治"——低调，深居简出，下属似乎感觉不到他的存在，但一切却能有序运作。也就是说，下属在没有领导的时候，仍能有效地开展工作。那么次一等的领导者就讲求以身作则，鞠躬尽瘁，亲自处理相关事宜，以自身影响下属。而我们身边多是第三等的领导者。他们通常强调按规则办事，通过行使岗位权力来控制、约束下属的行为。最低等的领导者就是企业要极力避免的了。这些人往往不讲诚信，却善于玩弄权术，导致组织内耗严重。

现代西方的领导梯队理论

谈到有关人才梯队的现代西方管理理论，就不得不重点介绍拉姆·查兰的领导梯队模型（见图 8-2）。这也是企业应用最为广泛的六级人才梯队的理论基础。

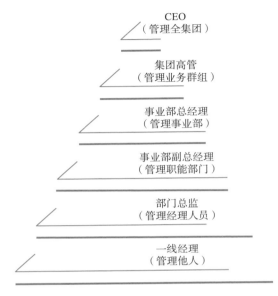

图 8-2 领导梯队模型

资料来源：拉姆·查兰《领导梯队》。

彼得效应讲道："在各种组织中，由于组织习惯于对在某个等级上称职的员工进行晋升提拔，因而组织内每一个员工都趋向于晋升到他所不能胜任的地位。"这也是为什么很多优秀的业务骨干在晋升到管理岗位后都不能快速适应新角色。所以，要成为一个真正称职的领导者，是需要完成领导力转型的。拉姆·查兰总结了管理者晋级必须完成转型的三个方面。

领导能力：简称领导力，是号令组织成员行动与全力以赴的技能，是能够让别人心甘情愿地完成目标的能力。这种能力是影响力，而非操纵力、控制力。

"领"是"带领"，"导"是"引导"。因此，从词语的本义来讲，

"领导"就是"带领引导"。这和 Leadership 的词根 lead 的含义是一致的。德鲁克说："发现一个领导者最有效的办法是，看其是否有心甘情愿的追随者。"真正的领导力应依据获得追随者的能力来衡量。

举个例子，作为刚从个人贡献者晋升为一线经理的管理者，需要认识到初次接手管理岗位所需的领导力，包括但不限于制订计划（项目、预算、人员计划）、人员选拔与教练辅导、授权与奖惩激励、绩效监督与评估等。作为企业高管的 CEO 所需的领导力则体现在平衡内部长期与短期利益的能力、设定企业战略发展方向的能力、管理全球化组织的能力，等等。人才梯队中不同层级的管理者所需具备的领导力各有侧重。

时间管理：人才梯队中不同层级的管理者所聚焦的事项不同，时间分配也有很大的差异。所以每次晋级，都意味着管理者要重新配置时间、精力，想清楚如何高效工作。能不能做好时间管理，往往也是个人能力的体现。

很多管理者都非常忙碌，却没有意识到这是因为没有合理规划自己的时间，大多数时间都投入在低效的事项上，甚至是做无用功。还是举一线经理的例子，很多新晋管理者第一次负责团队，仍然保留个人贡献者的习惯，整日忙于具体事项，没有意识到自己需要为管理分配时间，没有履行制订年度计划、追踪项目进度，以及为团队设置时间方面的优先级等核心职责。对部门总监而言，他的主要精力就更要放在管理上了，要为制订部门计划、团队分工充分分配时间，与直接汇报人的一对一沟通也是关键，其余时间需分主次、抓重点，只能聚焦优先级高的事项。

工作理念：工作理念的转型也至关重要，为的是让工作聚焦重点。在中国企业中经常会看到一种"错误的努力"。有很多企业强调各层级管理者都要事必躬亲，甚至有企业宣称如果所有事都能由高管来做，那就让高管做所有事。这是不科学的错误宣导，也是努力的错误示范。事实上不可能有人做到这一点，这也不符合组织存在的逻辑。正是因为企业家一人无法完成所有工作，才需要有团队，进而产生组织。

第一次成为一线经理，首先要转变个人贡献者的工作理念，有意识地通过他人来完成任务。一线经理需清晰地认识到下属的成功非常重要，只有在认知上有所提升，才会成为一名真正的领导者。而如果成长为事业部总经理，业务单元的"一把手"，平日里工作就需要从业务单元及企业整体利益的角度考虑问题，放眼长期目标，而非短期利益。

管理者的每一次晋级，都需要在这三个方面实现转型。任何一个方面的转型失败都会导致管理者的不适岗，企业蒙受损失，人才也可能因此流失。在这个过程中，人才梯队建设能够为管理者晋级提供强有力的机制保障，能够提供"扶上马送一程"的服务。那么人才梯队要如何建设呢？

人才梯队建设九步法

人才梯队建设是一项长期投入，也和人才管理能量环模型中众多组成部分密切相关，缺一不可。人才梯队就像是一套水泵，而每个层级的人才就是水源。所谓人才梯队建设，就是要设计性能强大的水泵体系，能够将下端池中的人才送入上端池。

人才梯队建设需要完成三项重点工作：**搭建梯队框架，设计并实施培养体系和考评体系**。如果说梯队框架是骨骼，培养体系和考评体系就是动脉和静脉，三者齐备，保障人才梯队正常运转。为了体系化地完成这项任务，下面介绍作者经大量实践总结出来的人才梯队建设九步法（见图 8-3）。

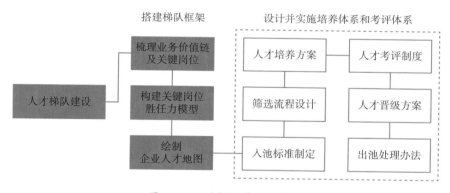

图 8-3 人才梯队建设九步法

首先，聚焦人才梯队框架的搭建，企业需完成以下三个步骤。

（1）**梳理业务价值链及关键岗位**。人才梯队建设成功的前提条件之一是 HR 对企业业务的理解程度较深。人才储备与发展的核心目的是为企业战略执行提供及时的人力资源支持，所以人才梯队框架搭建的首要任务就是梳理业务价值链，并识别价值链中的关键岗位。尤其是中国企业，很多时候人才梯队都是围绕关键岗位自上而下搭建起来的。具体操作方法可以参考第三章搭建胜任力模型的关键步骤。

（2）构建关键岗位胜任力模型。胜任力是人才管理能量环模型中指导各项工作的基石之一。胜任力模型的准度直接影响着后续配套的人才发展、考评、选拔等关键步骤。人才梯队的建设最好将胜任力模型作为人才度量标准之一。

（3）绘制企业人才地图。企业及管理者都需要清楚有潜力的人才在哪里。可以应用人才管理能量内环的大数据来识别出企业内部的优秀人才，绘制企业人才地图。这些人才将会是人才梯队各层级初始的水源。

其次，清晰合理的入池标准及筛选流程决定了人才资源汇集的效率与质量。

（1）入池标准制定。依据人才梯队各级关键岗位的胜任力模型，制定入池培养的基础条件。

（2）筛选流程设计。筛选流程可具备一定弹性，有利于日后随环境变化而适时调整优化。

再次，上文提到人才的培养与考评相辅相成、缺一不可，是"水泵"最核心的组成部分。

（1）人才培养方案。针对不同层级类别的储备人才，其培养方案应在一定程度上定制化设计。

（2）人才考评制度。考评制度的完善程度直接影响人才梯队整体运作的质量；考评工具和方法众多，应选择与企业匹配度高、实操性强的选项。

最后，针对需要流动的人才提供切实有效的晋级方案和出池处理办法。不得不说，人才梯队在运行的时候会将高潜人才置于放大镜下，也就挖掘出很多更准确的人才相关信息，其中有惊喜，也有遗憾。

（1）人才晋级方案。人才晋级环节应注意加强领导层的参与度，严格把关，切勿拖沓。

（2）出池处理办法。高潜人才因成长出池，不合格人员因淘汰出池。合理且得民心的出池处理办法至关重要。

如果企业严格实施了以上九个步骤，便可以在内部建设相对完善的人才梯队。对管理者而言，人才梯队最好的成果就是清楚地知道各层级人才的分布情况，并且知道这些高潜人才正沿着四通八达的梯队上升通道不断提升自己。

第二节　培训与发展

英国科学家詹姆斯·马丁曾预测：人类科学知识在 19 世纪每 50 年增长一倍，20 世纪初每 10 年增长一倍，20 世纪 70 年代后每 5 年增长一倍。目前，每 3 年增长一倍。这意味着，在 21 世纪，我们至少每 3 年就需要学习新的知识，否则将无法满足时代的发展需求。

企业也是一样，面临 VUCA 时代动荡的外部环境，组织应力求精简扁平、终身学习、不断自我组织再造，以维持竞争力。也正因为如此，美国学者彼得·M. 圣吉（Peter M. Senge）在其著作《第五项修炼》中首次提出了"学习型组织"的概念，强调组织内的培训与发展不应只是人力资源部门的专题，而是所有人需要参与其中的重要议题。

培训与发展可谓人力资源领域历时最久远、资源沉淀最为丰富的模块之一，不但在人才梯队中充当水泵的作用，在人才管理能量环模型中也是聚焦人才潜力开发的关键举措。培训与发展试图改变的是什么呢？比较普遍的答案是人的态度、技能与知识（"ASK"）。如果我们深度聚焦，培训与发展试图改变的还是人的行为。

培训与发展的核心任务就是设计并实施适合不同类型员工的人才发展项目。优质的人才发展项目是通过营造好的环境、氛围、机制，来推动人的内在发生改变，激发人的自我学习的。培训与发展领域的理论、案例等资源是最充足的，在众多理论、办法之中，我们仅聚焦最核心且最符合当下发展方向的内容来分享。首先，我们来探讨一下什么样的人才发展项目才是符合当下企业诉求的。

70-20-10 法则

什么是 70-20-10 法则

个人学习成长的 70-20-10 法则是一个广为人知的黄金法则。该法则源自 20 世纪 80 年代由摩根·麦考尔、迈克·隆巴尔多和罗伯特·艾兴格的研究，他们在与一个非营利教育机构合作的过程中，访谈研究了大量事业有成的管理者的个人经验，最终总结出了 70-20-10 法则（见图 8-4）。

图 8-4　70-20-10 法则

当然，将该法则应用于人才培养的另有其人，最早也是最著名的实践者就是全球电脑直销公司戴尔。当时戴尔在培训管理方面聚焦员工的个人发展计划，并设计构建了基于 70-20-10 法则的员工发展体系。戴尔认为，想要做得更好，不能仅仅注重商业结果，而要不断培育和发展知识型员工，尤其是在经济不景气的大环境下。

70-20-10 法则的实际应用

10% 来自"正式培训"

很多管理者对于培训与发展的理解仅限于培训课程，主要是大家都熟悉的课堂培训。首先，传统培训方式包括但不限于课堂教学、线上学习以及专业院校和研究机构提供的继续教育等。其次，这些培训方式实际上是能够快速地分享知识的手段，奈何知识转化的效率普遍不高，这取决于受训人的学习欲望、所处的工作环境等因素，感兴趣的读者可以自行了解一下成人学习理论。也就是说，如果管理者想以最快速度系统掌握新的知识，回到课堂是最优解，但是这些听到和看到的知识并不会自动变成工作中可应用的知识，还需要经过实践的验证、经验的积累与失败后的反思，才会最终为己所用。

20% 来自"向他人学习"

这 20% 的成长来自上级或同事的指导，最熟悉的就是中国自古有之的"传、帮、带"：师傅带徒弟，老掌柜带小跑堂，老戏骨带新学徒等。如今，在西方管理理论的基础上，产生了很多更科学、更体系化的向他人学习的方法：

- 高管教练：为关键岗位的管理者配备的经验丰富的教练，职责是给予管理者日常反馈和辅导，帮助管理者快速胜任岗位或提升管理水平。
- 团队教练：为特定团队配备的教练，职责是提高团队绩效，比较常见的有篮球教练。企业有时也需要团队教练来帮助员工的团队融合。
- 管理圆桌会：选择内部高级管理者，聚焦现实中的业务、管理案例，为其他管理者做经验分享、答疑解惑。也可以是一群外部管理者聚到一起，通过探讨具体议题相互学习，如私董会等。

还有很多场景能够提供向他人学习的机会，譬如当下比较受中国企业欢迎的培训方法"行动学习"，在其逻辑清晰的流程中就设置了团队成员向案例提供者以及案例相关的部门负责人学习了解的环节，并且很多行动学习形成的解决方案都被企业采纳和应用。

70% 来自"实践经验"

实践出真知。任何事情只有通过自己亲自尝试，才能真正地认识、理解、掌握。我们都清楚在"练中学，学中练"的道理，70% 的占比说明了实践经验积累的重要性，也激发了培训与发展领域不断研究开发相对应的人才发展策略。为了满足当下中国企业的诉求，优质的人才发展项目必须包含实践培养的成分，尽量符合 70-20-10 法则。

目前比较常见的实践培养策略有以下四种：

- **挑战性任务**：由业务专家基于现实问题设计的短期任务，一般为期 6~8 个月，通常需要参与人全职投入，按时完成高关注度的实践任务，并交付业绩成果，从而让参与人在实践中得到历练。
- **业务轮岗**：有针对性地进行跨部门轮岗，弥补经验短板，拓宽视野，如曾经风靡一时的管培生轮岗项目。
- **横向调动**：根据每个员工不同的经验背景内部调转岗位，横向拓宽经验，提升能力，最常见的有下基层历练等。
- **拓展职责范围**：提高工作复杂度，提升判断能力，实现管理能力进阶。

人才发展项目的未来趋势

人才发展项目是企业提高员工能力最主要的方法。过往的人才发展项目仅聚焦在培养与发展领域，目的就是让员工能学习到必要的知识和技能。根据《培训》杂志近两年发布的《中国企业培训行业报告》的数据，我们可以清晰地认识到人才发展项目的两个未来趋势。

第一，人才发展项目越来越倾向于采用基于工作场景的学习方式。换而言之，就是现在的企业要求人才发展项目符合 70-20-10 法则，走出课堂，将学习的重点放到工作实践的场景中去。

第二，企业亟须基于胜任力和问题解决导向的人才发展。传统的培训项目通常和实际业务有一定出入，且没有类似胜任力模型的标准或指引，无法确保学习方向正确，也无法衡量学习的成果。

企业想要顺应以上两个趋势都离不开完善的人才管理体系，这也是为什么人才管理能量环模型在中国企业的前景广阔、潜力无限。想要在培养与发展过程中进行人才评价，利用人才管理能量内环的三角核心数据是最佳选择。70-20-10法则中很多实践经验的培养方法，都需要依托人才管理能量环模型的不同组成部分。

既然企业提出了更高的要求，人才发展项目就要与时俱进，不断创新。虽然正式培训占比不高，也并不是我们要关注的重点，但是对管理者而言，了解基本的培训开发设计理论，有助于判断课程质量的高低。这还是非常有必要的，只要企业有所投入，就必须要清楚产出的优劣。

培训与发展领域的理论、方法众多，各有所长，我们选取最经典的培训开发理论，如4-3-3原则和ADDIE模型讲解。

所谓4-3-3原则，指的是企业培训的价值分布：40%来自培训前的需求分析和目标设定；30%来自培训中的课程内容与讲师的水平；30%来自培训后的考评与跟进。4-3-3原则也可以用来决定项目的预算，如40%是要花费在前期的策划上的。管理者可以依据这个原则来判断一门培训课程是否值得购买。有能力做好企业的需求调研，至少说明了培训师的经验水平。

ADDIE 模型实际上是一个经典的教学系统设计框架，无论是培训师，还是传统教职人员，都会依据该模型设计教学课程。ADDIE 模型自 1975 年问世以来，在培训与发展领域应用了数十载，其科学性和权威性毋庸置疑。很多后期的培训开发模型都是基于 ADDIE 模型调整的，作为管理者，了解这一个经典模型足矣。ADDIE 是代表了培训课程开发的五个关键环节的首字母，它们分别是：

- **分析（Analyze）**：在前期调研过程中，找出造成绩效差距的潜在因素。
- **设计（Design）**：明确预期的绩效提升，设计培训方案及成果检测手段。
- **开发（Develop）**：获取和统筹培训资源，开发创建教学的所有材料。
- **实施（Implement）**：筹备培训现场的各项事项，并最终完成培训。
- **评价（Evaluate）**：针对培训课程的全周期进行评价，这是最能体现培训课程价值的部分，也是最考验培训师水平的步骤。感兴趣的话，读者可以进一步了解柯氏四级培训评估模式（Kirkpatrick Model）。

Q 公司为了优化人才结构，提升腰部力量，倾注大量资源设计并实施了针对人才梯队中三级人才——中层管理者的领袖计划。

领袖计划的目的非常明确，不仅是储备和培养内部高潜人才，还填补因业务扩张产生的空缺岗位，尤其是城市公司总经理这样的"一把手"岗位。

领袖计划的培养周期是1.5~2年。项目之初，项目成员需要每月出席为期一周的集训，总计三次，这就是全部的课堂培训，由企业大学负责。正如70-20-10法则建议的，领袖计划的主要内容是实践培养。具体的项目流程设计如下。

第一阶段入模实践：课程培训＋挑战项目A（6~8个月）

所谓挑战项目，即挑战性任务，是有明确目标、预期业务成果以及衡量标准的核心项目。挑战项目作为实践培养方式，可以有效提高项目成员的实战能力，企业也可以通过项目考察提供更丰富的人才评价数据，提高人才识别的准确性。

在项目进行过程中，会由专人负责项目成员的培养考评和挑战项目的评价。这是一个筛选进阶的过程。培养考评和业务考评整合在一起的人才评价被称为人才的"成熟度分析"。

当第一阶段培养结束的时候，根据挑战项目完成情况和人才的成熟度分析，成员会进行进阶答辩。通过进阶答辩的成员会按照成熟度进行二次区分，成熟度高的人才进入快车道路径2，其余成员进入常规的二阶培养路径1。

第二阶段进阶实践

路径1：二阶培养。这是指让成员担任城市公司副总岗位，由城市公司总经理担任导师，定期进行辅导评估；与此同时，成员需要同时承接两项不同职能的挑战项目，具体选项依据个人的成熟度分析来选择。

选项1：资源类＋产业类。

选项2：资源类＋研发类。

选项3：资源类＋城发类。

依据个人的成熟度分析，差异化制订复合经验培养计划。

路径2：新城市公司启动期试炼。这是指让成员作为城市公司代理总经理，开展启动期各项工作，由事业部总裁担任导师，定期进行辅导及评估。

在第二阶段的培养过程中，企业仍然需要对人才进行跟踪评价。最终的评价结果会基于成员的工作简报、干部访谈盘点、导师反馈、事业部总经理及人力资源负责人反馈等信息生成，内容丰富，工作量巨大。

最终，完成两个阶段实践培养的成员都需要再次进行述职答辩。

路径1中答辩成功的成员会被纳入二级人才池，与此同时，有机会进入路径2做最后的实践培养。

路径2中答辩成功的成员极可能直接落位所在城市公司的总经理，虚职转实职，任命上岗，成为真正的"一把手"。

我们以Q公司针对中层管理者的领袖计划为例，分析总结一下该项目是如何体现人才发展的两个未来趋势的。领袖计划针对的是三级高潜人才，这个群体的目标岗位是业务单元总经理。这些人的背景大多数是业务单元职能部门的负责人，如营销负责人、融资负责人等。

首先，领袖计划力争满足 70-20-10 法则。针对中层管理者群体，领袖计划不仅设置了挑战项目作为实践培养策略，还设计了城市公司代理总经理这样的虚拟岗位，来达到扩展职责范围的实践培养效果。这两种实践培养策略在项目中的占比约为 70%。该项目还为高潜人才配备了导师，导师通常为资深的业务单元总经理，甚至是事业部总经理。这些经验丰富的导师如同高管教练，会给予高潜人才日常反馈和辅导，帮助他们快速提高经营和管理水平。在 10% 的正式培训内容里，该项目首次引入了行动学习，以小组的形式解决实际案例，达到预期的培养效果。行动学习过程中会为每个小组配备一个教练答疑解惑，行动学习的教练虽然不及上文提到的团队教练，但是也能起到提高团队融合度的作用。这些措施都契合了 20% 的向他人学习的部分。

其次，领袖计划从筛选人才开始，到最后的人才出池，整个过程中都设置了相应的人才评价环节。最初的高潜人才是通过人才盘点识别出来的。为了更高效地加速人才培养，在项目开展进程中设计了两次进阶答辩，成熟度高的高潜人才可以进入路径 2，大部分成员会在进阶答辩后进入路径 1。值得一提的是，为了满足人才识别的需要，该项目创新性地设计出了成熟度分析工具——基于业务单元总经理岗位的胜任力模型，与高潜人才个人的盘点评价进行对比，从而得出该人才对标目标岗位的成熟度分析，企业依据成熟度分析的结果，制定接下来的挑战性任务。

正因为这个领袖计划符合人才发展项目的两个未来趋势，满足中国企业特殊的人才发展需求，最终成果非常显著，不但人才流失率低于预期，而且每年都有高潜人才在完成项目后成功上任目标岗位。最重要的是，企业一直苦恼的"腰部力量"得到了根本上的改善，创始人曾评价该项目让他第一次亲眼看到了培训的价值。

"企业大学"：培训与发展的优秀载体

企业的培训与发展会经历四个阶段（见图 8-5）。第一阶段，就是最传统的非系统化培训模式，培训师作为培训事务专家，以零散地提升个人能力为主，这个阶段的培训很容易被员工轻视。培训方式多为正式培训，发生在课堂，效果评估方式多以学员满意度为主。

	非系统化	系统化	业务化	战略化
角色定位	培训事务专家	人才发展顾问	业务伙伴	变革推动者
战略定位	学习是为了解决工作不及格的问题	学习作为能力提升工具	学习作为管理工具	学习作为战略工具
主体单位	培训部	学习发展中心	企业大学	企业即大学
能力提升	零散提升个人能力	系统提升个人能力	提升组织能力	打造有竞争力的组织能力
效果评价	满意度调研	评估人才能力提升	评估绩效达成	评估组织效能

图 8-5　企业培训与发展的四个阶段

注：该图取自网络。

第二阶段，培训与发展开始从第一阶段的非系统化向系统化建设转变。在这个阶段，负责培训与发展的主体单位开始强调 70-20-10 法则的重要性，项目效果评价方式更多元多样，此阶段以个人的能力提升为重点考评对象。

第三阶段，这时企业培训与发展不但注重个人培养，而且注重组织能力的打造，更加系统化，也更贴近业务。这个阶段的主体单位是企业大学，它有完善的培养与发展体系来支撑组织与人才能力的建设。

第四阶段，也是培养与发展的终极形态，企业即大学，这个阶段的企业已经进入学习型组织的形态。如果"企业大学"仍然存在，也应该已经从成本中心进化为利润中心。

现阶段，国内培养与发展比较前沿的企业大多数停留在第三阶段，也就是企业建立了自己的内训机构。这些"企业大学"作为业内的佼佼者，可谓各显其能、特点各异。

近年来，中国企业人才发展智库经过大量的案例与数据分析，提出了符合中国企业未来需求的企业大学发展方向。新时代的"企业大学"，应有 60% 的资源和精力聚焦在企业的价值输出，如文化传承、变革驱动等，40% 聚焦在自身专业能力的打造，如从成本中心向利润中心的转型等。发展"企业大学"的最终目的还是希望企业能够成为学习型组织，这个目标还任重道远。但是在不远处的未来，我们已经可以预见传统的培训已经无法满足企业的需求，建立在人才管理体系上的培训与发展才是未来的大势所趋。

第三节 转岗与晋升

转岗与晋升，既是人才梯队建设的组成部分，又是人才管理体系中的配套机制。转岗与晋升具备一定的人才激励属性，也是培训与发展中的实践培养方式。尤其是晋升机制，人才管理能量外环的诸多应用场景都将其作为该领域发挥作用的附加产出之一。但是转岗与晋升有着不同于其他八个应用场景的特点和独立性。因此，我将它作为人才管理能量外环的最后一个应用场景独立存在，值得读者重点关注。

内部转岗的价值与实施策略

为什么要内部转岗

内部转岗是指员工在企业内部变换岗位的行为及相关流程。我们先来了解一下内部转岗有哪些好处。

从组织的角度出发，企业的意图非常清晰，它相信大多数人才都需要在企业内部循着"之"字形的路径成长，通过尝试不同的岗位来不断地提升自身的能力。内部转岗也可以帮助企业培养一批跨岗位、跨职能的人才。这种复合型人才是市场上的稀缺资源，非常难得。内部转岗还潜移默化地促进了内部的良性竞争。不同于外部招聘，内部转岗的面试效度更高，因为对人才的评价来自对其行为的长期观察。在这样的背景下，员工会更加注重平日里个人信用的积累，激发良性的竞争循环。

从人才的角度出发，在同一个岗位上工作多年，员工难免会出现倦怠感，满意度和敬业度都可能下滑，而新的岗位可以赋予员工新的活力。大多数人都追求向上的职业通道，内部转岗不但打开了机会的大门，而且促使员工通过主动学习来提升能力。

在国外许多成熟的企业之中，内部转岗是非常常见的行为，甚至很多企业都极为推崇员工的内部转岗。然而在大多数中国企业之中，却是另一番景象。很多国内的管理者都希望员工能够坚守在一个岗位上，稳定而熟练的员工是企业追求的。但人毕竟不是机器，这种狭隘的想法也不符合人才发展的规律，并且非常短视。在人才的底层动机无法被满足的情况下，其效能就会大打折扣。即使技术娴熟，一个对企业满腹牢骚的老员工对企业的影响仍旧是弊大于利，并且像定时炸弹一样，有可能对企业造成远超出了一个员工的人工成本的损失，这是企业与人才双输的惨痛教训。

常言道流水不腐，户枢不蠹。企业还是要具备长远的战略眼光和大局观，将内部人才运营成活水，才可能汇聚如湖海般强大的组织能力。

如何推动内部转岗

R公司是一家制造业的世界500强企业，组织覆盖全球超过六十个国家。R公司几乎完全依赖内部的人才池来填补各类岗位空缺，很少需要对空缺岗位进行外部招聘。

首先，R公司拥有行业内排名第一的员工满意度与敬业度，多年以来，员工的流失率都处于低位，且非常稳定；其次，R公

司内有完善的人才管理体系，尤其值得称道的是 R 公司的内部转
岗和晋升机制，能够非常有效地填补空出来的岗位。

R 公司是如何做到的呢？

我们以上述的 R 公司为例，看看 R 公司是如何在内部有效地推
动和管理内部转岗流程的。

首先，R 公司将内部转岗做成组织的文化。 R 公司内部有一个人
人皆知的不成文的规定：对中基层岗位上的员工而言，需要每两到三
年就在内部寻找下一个岗位。R 公司潜心耕耘多年，培植起来的这个
有关内部转岗的文化，作用不可估量。

其次，R 公司制定了相关政策来鼓励员工内部转岗。 除了文化方
面的努力，R 公司也为推动内部转岗提供了诸多的政策引导。譬如，
空缺岗位必须在公司内部优先公布，并且，只有在内部公布超过 18
天，仍然没有合适的候选人的情况下，该岗位才能对外部市场开放。

最后，R 公司为内部转岗的有效进行设计了一个完善的交接流程。
举个例子，R 公司为内部转岗的情况设置了严谨的交接机制，给员工所
在的新老部门充足的支持，也给予员工极大的自由。R 公司的内部转岗流
程绝不存在旧部门不放人的问题，或者新部门不顾及岗位交接的问题等。

如何最大化晋升的效用

还记得彼得效应吗？通常情况下，企业都是依据员工在过往岗位

上的业绩来决定员工的晋升的，并且是将员工提拔到一个他从来没有做过的、更加复杂的崭新岗位上去。企业内每一个员工都趋向于晋升到他所不能胜任的岗位。因此，任何一次晋升都伴随着极大的风险，需谨慎应对处理。即便如此，晋升对企业和个人来说都是非常重要的。

不同于内部转岗，晋升机制的重要性和激励作用已经达成了共识，在此不再赘述。

需要强调的是，企业不能为了晋升而晋升，晋升之后对人才的关注与支持是必不可少的。企业和上级管理者共同协助晋升之后的人才平稳过渡，完成领导能力、时间管理、工作理念三个维度的转型，这些都是有价值的资源投入，却往往被忽视。尤其在中国企业，似乎给予了员工晋升机会，企业就不需要再做其他动作了，员工需要靠自己来证明这个晋升决定是对的。这个观念显然是存在瑕疵的，相关的管理者没有从企业的角度思考问题。晋升的最终目的仍然是通过进一步释放人才的效能来提升组织的效能，一切皆是为了企业的永续经营和持续成功。为了达成这个目的，任何能保障和帮助员工胜任岗位的管理举措都是必要的。人才晋升后工作受挫的代价，不仅会影响个人的职业生涯，更会给企业带来不可估量的损失。具体的人才管理举措已经在前文详细介绍了，譬如人才梯队建设、培训与发展、职业生涯规划等。所以本节建立在上述支持已经到位的前提下，将聚焦在晋升机制本身，探讨如何最大化晋升的效用。

晋升机制的优秀实践

还是先以本节中的 R 公司为例。R 公司的晋升机制属于业内比较先进的优秀实践。

首先，R 公司以文化驱动机制，在内部强调晋升机制的公平性以及与业绩深度绑定，上升通道随时为努力的员工敞开。

其次，R 公司的晋升政策为各种类型的晋升情况扫清障碍。而不是像一些企业那样，政策本身就是最大的障碍。R 公司的晋升政策中没有设置晋升周期的概念，并强调晋升不会以员工的司龄、所处岗位是否有继任者等因素作为考量维度。只要员工符合晋升条件并得到 360 度评价认可，在任何时候都可以提出晋升申请。作为管理者，我们要认清这样的事实：想要做到文化驱动的大前提是企业和管理者的知行合一。既然强调了晋升机会人人平等，那么政策中就不能罗列一堆前提条件来禁锢人才的晋升。这一点其实很难做到，很多国内企业都会有类似"每年只有一次晋升机会""新员工首年不参与晋升"的规定。

最后，在 R 公司内部，每一次晋升都会由薪酬组重新进行岗位称重，用外部市场数据对标内部数据，重新评定员工的薪资。想要做到这一点，公司必须具备清晰的职级职等结构（Job Architecture）、完善且合理的薪资带宽（Pay Band），以及岗位称重或定岗定薪的方法。R 公司引进了美世的岗位价值评估办法（IPE）来进行岗位称重。

即使放眼全球，将晋升机制实践到这个程度的企业也并不多见。虽然企业文化不同，晋升机制等人才管理举措就会受其影响理应各不相同，但是 R 公司这个经过验证的成功案例值得国内企业思考。在中国，晋升做得有些口碑的企业可能非华为莫属了。华为的晋升机制非常有中国特色，"能者上，庸者下""猛将必发于卒伍"等广为流传。华为的晋升机制之所以被认可，仍然是因为抓住了机制的公平性和上升通道透明两个特点，能做到如此，实属不易。

怎样最大化晋升机制的作用

晋升机制要紧扣企业战略。有这样一个小故事：小米的营销负责人为公司赚了钱，却被创始人雷军狠狠地批评了，因为当时小米的战略是快速占领市场，成为细分领域的第一，而不是赚钱。人才的努力方向如果和企业战略不一致，哪怕是赚了钱，都需要被纠正。晋升作为最有吸引力的激励措施之一，是否引导员工走在正确的道路上，至关重要。

晋升相关信息要做到企业内部的公正和透明。员工要清晰地了解企业内部的晋升通道，纵向上有没有管理序列或专业序列的晋升路径，横向上是否有跨职能的晋升办法等。晋升机制的政策制度要在企业内部进行充分的宣贯。还有的企业会对晋升结果进行公示，如央企、国企都有相应的要求。这些有关晋升的信息沟通能够帮助员工明确奋斗方向，更会激励他们为之努力。

企业整体的晋升比例需要与企业的总业绩挂钩。几乎所有的正规企业都会在年度预算期间，针对全年的晋升指标预留相应的预算。有些企业以晋升名额进行测算，有些规模较大的企业仅管控晋升比例。企业整体的晋升比例可以与总业绩挂钩，譬如，我们可以参考上年度企业的经济附加值指标，每超额完成10%，则晋升比例增加1%，增减同比，增减幅度的封顶线在 3%~5%。有些企业还会遵循"用超则减，用少不补"的原则，如某企业晋升比例管控原则（见表 8-1），如果上年度计划的干部晋升比例为 10%，实际晋升比例为 12%，那么原计划本年的干部晋升比例就会从预计的 12% 下调 2 个百分点，变成 10%。这就是"用超则减"的管控原则。

表 8-1　某企业晋升比例管控原则

晋升比例		2023 年计划晋升比例		2023 年底晋升比例	占用 2024 年比例	2024 年晋升比例（预计 12%）
		上半年	下半年			
员工晋升	计划	5.5%	4.5%	10.0%	0%	12.0%
	实际	5.5%	4.5%	10.0%	0%	
干部晋升	计划	4.5%	5.5%	10.0%	0%	10.0%
	实际	4.0%	8.0%	12.0%	2.0%	

晋升资源基于业绩进行差异分配，向业绩好的经营单元倾斜。不只是整体的晋升比例需与企业总业绩挂钩，我们也可以通过差异分配晋升资源来激励经营单元达成业绩目标。各经营单元获得的晋升比例可以与其业绩完成情况挂钩，业绩完成情况可以参照计划运营部门制定的组织绩效年终考核结果。例如，我们可以将经营单元的业绩完成情况分为三挡（超额完成，完成，未完成），完成则与企业预设的总晋升比例相同，如果是另两档，则酌情增减 1%~2%。

晋升过程中的"三权分立"有助于获得更准确的决策。所谓"三权"，指的是有关晋升的建议权、评议权和审批权。建议权通常由候选人的直接上级行使；审批权按照企业的流程来决定，通常由负责管理的直接上级、隔级上级、相应组委会或领导小组行使审批权，审批权为最终裁定权；评议权涉及人才管理能量内环三角核心数据的应用，通常由企业内部负责人才管理的部门来行使。通过权力的分配，三方的合议结果最终会影响到审批流程的走向，应尽可能保障决策的公平、公正，避免一言堂。当然，这样的机制需要如人才管理能量环模型的体系来支撑。如果在一家企业，只有直接上级熟悉候选人，盘点委员会、答辩小组等的成员都不认识候选人，也没有科学有效的方式了解候选人，那么最终可能还是需要依赖直接上级做出决策，这样分权就失去了意义。

至此，人才管理能量环模型的所有组成部分及其协作机制就讲解完毕了。我们简单回顾一下，**人才管理能量环模型是一个助力企业战略执行的人力资本增值体系**，旨在企业内部构建一套"人才获取、人岗匹配、人才发展"的良性循环，从而不断地发现并解决有关企业内部人才的价值问题与效率问题。

人才管理能量环模型由内环和外环组成。其中，**人才管理能量内环由胜任力管理、人才测评、绩效考核三项举措有机结合，负责提高人才识别的准确性；人才管理能量外环包括九个应用场景**，分别是人才招募、人才融入、人才激励、人才盘点、继任计划、职业生涯规划、人才梯队建设、培训与发展、转岗与晋升。基于人才管理能量内环高效度的人才数据，九个应用场景建立起了从识人到用人的全周期人才管理体系，并多维度、高效率地释放人的能量，提供不断强化的核心竞争力，助力企业的业务目标达成。

PART 4

第四篇

人才管理能量环模型的未来机遇

第九章

人才管理能量环模型的数字化转型

第一节　数字化赋能人才管理

　　北京的海底捞智慧餐厅，据说耗资 1.5 亿元，由机器人负责切肉上菜，体验非凡。除此之外，美团的智能送餐小车，很多酒店已经开始使用的智能管家等，这些科技给我们的生活带来了前所未有的便利和愉悦。

　　这是一幅讽刺漫画，工人们的工作被机器人无情地取代了。随着 ChatGPT 的横空出世，的确有部分群体受到了影响，甚至好莱坞的编剧们也开始抱团取暖，上街游行，抗议资本的无情。

注：图片取自网络。

人类面对新科技时的态度是复杂的，事实上，历史已经重复上演了很多次。

18世纪60年代的英国兰开郡，一群暴徒冲到詹姆斯的家中，砸毁了他辛辛苦苦发明的纺纱机，也就是大名鼎鼎的"珍妮纺纱机"的早期版本，并且说道"这台机器再也不能代替我们了"。

注：图片取自网络。

还有著名的卢德运动。为了反对压迫，英国工人们组织起来，通过捣毁机器来反对企业主。这类的例子有很多，人们在面对新技术的时候，通常的状态是不安的、抗拒的。

现在，我们所有人都需要面对数字化时代的来临。是逃避、抗拒，还是拥抱？

数字化时代的来临意味着什么

数字化转型是未来的必然趋势

数字化的时代已经来临，而且正悄无声息地成为我们的新常态。数字化带来的生产能力将成为人们工作生活的新型能力。所谓企业的数字化转型，就是通过数据来开辟新的业务模式、管理模式等，让数据成为决策的关键，让数据成为企业的新型生产力，提高效率。

事实上，数字化的进程早在很久之前就已经开启了。

阿里巴巴作为世界上最大的零售平台，却不需要自行准备库存；滴滴打车作为人们日常出行常用的打车平台，却不需要自己拥有车辆。它们都通过数字化转型完成了业务模式的创新。

ERP 系统的整合升级，避免了手动推进流程和产生"数据孤岛"，提高了工作效率；智能办公设备的普及，可以实时观测员工的动态及健康程度，并依此数据提供给员工相应的建议。它们都通过数字化转型完成了管理模式的升级。

这些都是过去数字化技术应用的实际案例。之所以数字化转型升级成为当下的热门话题，是因为近年来数字化技术的飞速发展。5G移动通信、云计算、人工智能、机器学习、无人驾驶、区块链技术等新型数字化技术层出不穷，这让数字化颠覆了我们的认知，并更快速地融入我们的生活。

数字化时代，"危"和"机"并存

数字化技术的应用，让我们在生活中和工作中都得到了方便，企业也从中受益匪浅。数字化技术能够为企业提供实时的数据分析，让企业通过数据做出更明智的决策。数字化转型可以带来流程的自动化、人工成本的节约，为企业开辟新的道路，提高效率和生产力。总而言之，数字化转型有利于企业的降本增效，为企业带来了新的机遇。

数字化转型也会带来许多附加的问题。最近几年，有些行业爆出裁员的新闻。谁曾想到，曾经的技术岗位会因数字化转型削减，而技术的数字化是未来的发展趋势之一。技术的迭代往往就是这么不留情面，科技进步有时候带来的不一定是惊喜，也可能是惊吓。

数字化转型的实施也存在若干个潜在的风险。首先，数字化技术的实施成本可能很高，企业需要斟酌项目实施的性价比；其次，流程或日常事务的数字化意味着一些非公开信息都转化成了可在线查阅的数据，那么数据安全就变成了一个越来越重要的议题；最后，数字化转型对劳动力需求的影响将带来反抗。数字化转型的完成往往带来自动化程度的提高，有些传统岗位如数据录入专员、文秘等，也许不再被企业所需要。这个时候，企业可能面临对变革抗拒的内部压力。

"危机"从来都代表着两个意思。数字化时代，无论是对于企业还是对于个人，都意味着新的机遇和风险。如果传统的零售超市能通过数字化技术，解决从货柜到社区的"最后一公里"问题，那么企业将迎来巨大的机遇；反之，无法解决这个问题的零售超市可能会在未来逐渐消亡。如果员工能够驾驭数字化技术，并为己所用，提高自身生产力，那么员工将迎来更多的机会；反之，苦守原地，可能会很快被替代和淘汰。机遇和风险是并存的，主要看我们能否把握得住。

本书内容自然是聚焦在企业的人才管理数字化转型方面。首先，纵观人力资源领域短暂的发展史，从泰勒的科学管理理论，到尤里奇的三支柱模型，不到百年时间，人力资源经历了若干次的迭代更新，却从没有逃出过管理学的范畴。人才管理作为人力资源领域的新模块、识人用人的集大成者，仍然只能称得上是一门人文科学。而如今出现了一个史无前例的变量——数字化技术。随着数字化技术的广泛应用，人才管理体系也受到了前所未有的冲击。冲击是多方面的，也是非常迅速的。也许有一天，数字化技术的掌握将是从事人才管理工作的必要条件。

数字化技术与人才管理的关系

在人类与科技这方面，诺贝尔经济学奖获得者罗伯特·默顿·索洛的观点值得我们深入思考。罗伯特说："技术的进步并没有给现代工业社会带来失业问题。技术进步带来失业的恐惧可追溯到250年前，从第一次工业革命开始。技术进步的变化不在于工作的数量，而在于工作的种类。"

技术进步是大势所趋，这是人类寻求发展的必然结果。但是新技术的产生带来的未必是工作岗位的大量减少，更多是工作种类的增加。人还是需要持续学习，不断提升自己，才能在科技飞速发展的时代立于不败之地。

数字化技术与人才管理的关系，用一个关键词来形容就是"赋能"，数字化赋能人才管理。打个比方，如果一位木工过去用斧头，现在为他配备了最新型的木材切割机。那么木工与木材切割机之间是什么关系？是生产力和生产工具的关系，如果这个木工驾驭了新工具，工作效率得到了提升，个人效益也会提高。如果这个木工无法学会新工具的操作方法会怎么样呢？顾客会倾向于找有足够学习能力的新木工，因为他使用新工具，处理木材会更快。对管理者和人力资源从业者来说也是一样的道理，真正的问题不是生产工具变成了什么样子，而是作为生产力的我们是否能够驾驭新技术、新工具。

第二节　数字化人才管理的未来趋势

数字化技术究竟能为人才管理带来怎样的赋能效果？

S公司是一家千亿级企业，非常注重校招生的招募与培养。恰逢数字化时代的到来，S公司决定为校招生的人才发展项目做一次彻底的数字化转型升级。事实证明，数字化技术的应用确实能够为人才管理带来质的飞跃。

S公司聚焦人才获取、人才发展（培养与发展、成长管控）及人才保留三个方面，对校招生人才发展项目进行了数字化转型升级（见图9-1）。

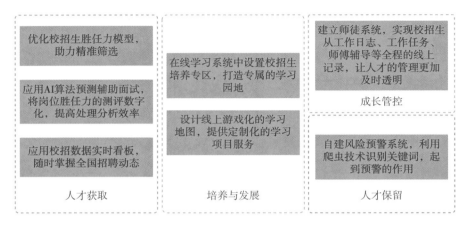

图 9-1 S 公司校招生人才发展项目的数字化转型升级

首先，在人才获取方面，S 公司的校招生人才发展项目完成了以下三个方向的数字化转型。

第一，S 公司通过线上测评的方式，对校招生的胜任力模型进行了优化。S 公司很早就通过建立校招生的胜任力模型，来提高面试筛选的成功率。该模型更多是聚焦在企业文化及领导力相关的通识性胜任力。一方面，校招生初出象牙塔，多数人还不具备专业胜任力；另一方面，校招生将来会走向不同的岗位，培养的侧重也有所不同。基于这两方面考虑，胜任力模型要适用于所有校招生，就需要更加通用。为了做到这一点，S 公司应用计算机技术和线上测评的方式进行数据分析，对比了往届校招生的胜任力差异，识别出过往几代优秀校招生的特质，不断完善胜任力模型。这种方式虽然不及人才盘点的信息那么准确，但是考虑到校招生人数众多，也算是最具性价比的模型改进方式。

第二，在当年，S 公司首次应用了 AI 算法预测来辅助面试，并自动积累数据，持续地完善胜任力模型。应用在面试中的 AI 技术还不成熟，只能提供一些表情捕捉，给出一些价值不高的建议。但是 AI 算法预测的价值点在于对胜任力模型的改进，它可以让胜任力模型自己成长。这也是我们要介绍的人才管理的六大数字化转型趋势之一。总之，通过 AI 算法预测，胜任力模型的数据被不断地积累和推演，算法会自动决定胜任力模型的优化方向，提高胜任力模型识人的效度。

第三，数据看板的应用让校招工作降本增效。S 公司的校招工作量历来是巨大的，招聘团队如何才能快速、准确地掌握全国各地的招聘进展情况呢？ S 公司决定购买先进的招聘系统来满足这些需求。落实了招聘系统后，往年需要手动搜集的数据都转到了线上，检索和调用都更加便捷。而且招聘系统的上线，实现了校招全流程的无纸化操作，不但节约了成本，而且减轻了校招团队的工作量。校招团队需要每周向总裁汇报进度，招聘系统提供了数据看板，不仅实现了数据的及时更新，实时跟踪全国各地的招聘动态，还提高了汇报的质量。

其次，在人才发展方面，该项目在培养与发展、成长管控两个方向完成了数字化转型升级。

在培养与发展上，S 公司自行开发了在线学习系统，并在系统中开辟了校招生专属的学习园地，提供针对不同岗位的课程体系。这个校招生学习园地有两个特点。

第一，学习地图的游戏化设计。S 公司将岗位的学习课程按照专业需求，设计成类似游戏的学习地图，非常受新生代校招生们的欢迎，这在当年也是培训与发展领域的一个热门趋势。

第二，在线学习系统上设置了学习积分机制，每一位校招生的学习积分都是公开的，起到激励的作用，积分还能在员工福利平台上兑换各种物品。

在成长管控上，S公司建立了师徒系统，将师傅与徒弟的各种互动数字化。在入职的第一年，每一位校招生都会匹配到一位师傅，来协助自己完成职场的转型。过去，师傅对徒弟的支持都是线下进行的，高度依赖师傅的自觉。而有了师徒系统之后，无论是一对一的沟通，还是发布工作任务，师傅与徒弟的大部分互动都可以在线上完成，极大地提升了沟通效率。师徒系统一方面是"传、帮、带"的有效保障，另一方面也能够让HR对校招生的培养质量有较为直观的监督。试想一下，上千位校招生遍布全国各地，为了确保他们中的每一位都能得到优质的培养与及时的关注，师徒系统是必不可少的。

最后，在人才保留方面，数字化技术赋予了该项目风险预警的能力。

S公司希望每一位校招生都能在组织中快乐地成长，但成长总是伴随着阵痛的。初入职场，校招生在完成职场转型的过程中，一定会遭遇各种困难，难免心生困惑。企业怎样才能及时地确定有困难的校招生，并及时地关注，提供合理的资源帮助他们渡过难关？这就需要校招生人才发展项目具备一定的风险预警能力。S公司利用爬虫技术，针对提前设置好的搜索关键词，在师徒系统、在线学习系统、校招生论坛等线上平台不间断地进行信息抓取。它会尽可能地预警哪些校招生变得消极，哪些正在困惑，并及时通知 HR，从而使 HR 重点关注他们，帮助他们走出困境。不得不说，这个数字化技术含量并不高的预警功能却是效果最明显的，校招生的离职率比往届有了显著的改善。

正是通过这样由数字化驱动的人才发展项目，千余位校招生得到了优质的培养与帮助，快速完成了职场转型，成为独当一面的职业经理人。与此同时，数字化技术也让管理者及 HR 鸟枪换炮，能够更加精准地培养与管理这些高潜的年轻人，为企业打造文化适配度高的内生力量。

人才管理的六大数字化转型趋势

AI 算法预测

信息论的奠基人香农曾经说过："信息是用来消除随机不确定性的东西。"所谓预测分析的内核，就是通过分析过往潜在的数据变量关系，推演未知的结果。通俗一点，这就相当于通过大量分析前人的行为，来判断同类型的人将来会做什么。数字化时代，人的预测能力得到了数据和计算力的强大支持，随着机器学习的不断迭代升级，这将是人们未来必须掌握的数字化能力之一。

信息化时代，海量多维的数据为 AI 算法预测提供了生长的养分。算法作为 AI 的发动机制而存在，其作用在于机器学习，是 AI 的驱动力量。AI 算法有很多种，在 S 公司的校招生人才发展项目中，就曾实践应用过一种著名的 AI 算法——随机森林算法。这种算法顾名思义，森林由很多棵树组成，每一棵树都是"决策树"，相当于管理咨询领域常用到的一种辅助决策的工具。在随机森林算法下，正是无数棵这样的决策树在持续地运作，不断寻求最优解（见图 9-2）。

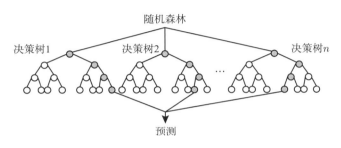

图 9-2　随机森林算法示意图

注：该图取自网络。

与常见的逻辑回归算法相比，随机森林算法在预测分析过程中最大的优势就在于它不会轻易地遗漏优质的候选人。逻辑回归算法得到的是一个综合考虑之后的概率，而随机森林算法则能够尽量模拟人类的直观决策给出答案。

在上述 S 公司的案例中，AI 算法预测被应用于招聘过程中辅助候选人的筛选，也被用于胜任力模型的持续优化。AI 算法预测会随着机器学习的快速发展不断迭代升级。有朝一日，AI 算法预测可以将人才管理能量环模型的所有组成部分全面升级，让我们拭目以待。

智能聊天机器人

数字化的进程超乎想象。当我在论坛上分享聊天机器人将会成为人才管理的六大数字化转型趋势之一的时候，绝不会想到仅仅三年之后，ChatGPT 横空出世。记得当年，这还是一项大家既熟悉又陌生的数字化技术。之所以熟悉，是因为很多企业都已经设计了自己的智能聊天机器人，苹果的 Siri、亚马逊的 Alexa、微软的 Cortana、京东的 JIMI 等，甚至 S 公司也自主开发了小 S 聊天机器人为员工日常答疑。之所以说陌生，是因为这些智能聊天机器人并不是那么"智能"，远远达不到经典电影《她》中智能女声萨曼莎的水平。与同真人聊天无异，这才是普通人理解的智能。我们虽然坚信未来的 AI 技术做得到，但是没有想到竟然来得如此之快。

智能聊天机器人的优势非常明显。第一，不受时间限制，全天提供服务；第二，能够批量解决问题，甚至进行机器学习，不断优化问题的解决办法；第三，智能聊天机器人的设计成本在不断下降。如果没有特别高的要求，多数大型企业甚至可以自主开发，提供共享服务的公司也不少。

曾经，智能聊天机器人的局限来自三个方面：虚拟互动，远不及与人沟通带来的真实感受；个性不足，也无法做到高效的人机对话；难以做到需求的清楚沟通，一位资深的咨询师都需要耗费大量的精力和时间与客户沟通，才能摸索出客户真实的需求，人机对话还远不能在这个层面代替传统的咨询业务。不过显然，ChatGPT 正在试图突破这些局限。

目前，聊天机器人的智能水平还不够。也许在不久的将来，智能聊天机器人可以通过图灵测试。虽然聊天机器人的技术还需要精进，但是它的实际应用，已经把 HR 从无限的问答当中解放出来了。

VR/AR 沉浸式体验学习

VR/AR 沉浸式体验学习在培训与发展领域的应用已经非常广泛。宝马、霍尼韦尔等制造业企业都开发了基于 AR 技术的培训。工人通过佩戴 AR 眼镜将他们手中的装备零件进行虚拟增强，使得他们能够以虚拟的方式进行"实操"。

基于这项数字化技术的特性，VR/AR 沉浸式体验学习展现出了四项优势。

第一，参训者从第一视角切入虚拟环境，身临其境的感觉更容易激活峰终体验，提高知识转化效率。

第二，极大地降低了培训成本，企业无须花费大量的实验素材、场地费用等。

第三，可以进一步按照员工的实际需求提供学习机会，这也符合新生代员工的偏好，无须为了重复一个步骤而去听整节课程。

第四，安全可逆。有的行业作业时风险系数高，不适合新员工实地练习，VR/AR 沉浸式体验学习可以避免真实场景中的危险。即使操作失误，既不会产生耗材，又没有任何风险，还可以随时重复练习。

机器人流程自动化工具

应用机器人流程自动化（Robotic Process Automation，RPA）工

具相当于给员工安装了一双数字化手臂，帮助员工在电脑上完成简单的重复性的工作，譬如填写薪资表单、录入信息系统、填写 Excel 表格等。

RPA 的优势有六个方面：可以提高工作效率，因为它是同智能聊天机器人一样无休的数字化员工；可以快速部署，无须经验积累的过程；输出的工作出错率较低；信息保密性会得到提升；没有地区的限制；设计成本并不算高，很多企业都曾应用过 RPA，基于不同需求，价格不同，通常 10 万 ~ 30 万元的投入，就可以拥有 RPA 工具。

RPA 是企业随时随地安全部署的数字化劳动力，能够将员工从重复性的工作中解放出来。RPA 的未来极具发展潜力，有望植入机器学习，一旦通过机器学习将 RPA 进一步升级，甚至通过深度学习让 RPA 获得自主认知，可能会进化成智能流程自动化（Intelligent Process Automation，IPA），帮助企业解决更多的基础工作。

共享服务智能化

共享服务智能化，应该是人才管理数字化转型趋势中大家最熟悉的一项。企业如果实施了人力资源三支柱模式，都会去追求共享服务的智能化，现如今，智能化也带来了共享服务中心的无人化。

共享服务智能化带来了两个好处：第一，成本的节约。这项数字化转型不仅极大地降低了人工成本，还实现了全程无纸化办公。以某企业新员工入职流程为例，共享服务智能化之后，纸张的节约是非常显著的（见表 9-1）。请注意，这里面还没有包含因智能化而节约的人工成本。

表 9-1　某企业共享服务中心智能化入职流程的成本节约分析

内容	原流程	新流程	年业务量	年节约量
HRBP 必填字段	58 个字段	23 个字段	4 万人次（参考全业态口径）	140 万个字段的填写时间
入职打印文件	28~38 页	0 页（无纸化）		• 约 130 万页纸张的打印 / 整理装订时间 • 3000 小时文件的归档时间 • 130 万页纸张打印耗材及储存空间费用

　　第二，工作效率的提升。服务响应时间缩短、员工自主服务、操作步骤更简洁等，都带来了工作效率的提升。还是以某企业新员工入职流程为例，传统的新员工入职流程通常需要一名人力资源同事全程陪同，预计需要半天来完成所有手续。如今共享服务智能化，新员工初入公司，智能机器人提供二维码，员工通过手机扫码、录入信息、签名，一气呵成，10 分钟左右完成过去几个小时的流程（见图 9-3）。

　　共享服务智能化，已经是一个未来较明晰的数字化转型趋势。那么问题来了，如果共享服务进一步智能化，共享服务中心的员工还能保留多少人？相比其他的数字化转型趋势，共享服务智能化最发人深省。

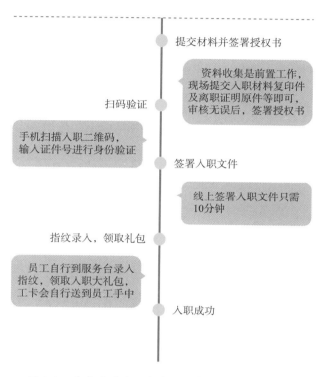

提交材料并签署授权书

资料收集是前置工作，现场提交入职材料复印件及离职证明原件等即可，审核无误后，签署授权书

扫码验证

手机扫描入职二维码，输入证件号进行身份验证

签署入职文件

线上签署入职文件只需10分钟

指纹录入，领取礼包

员工自行到服务台录入指纹，领取入职大礼包，工卡会自行送到员工手中

入职成功

图 9-3 某企业共享服务中心的智能化入职流程图

情感计算与识别

所谓情感计算与识别，就是借助多重 AI 技术，帮助企业绘制出最精准的员工画像，甚至可以让企业及时掌握每一位员工的情绪与行为。虽然情感计算与识别技术在企业里的应用并不多见，但是这项技术，是我最想和各位分享的数字化应用趋势。这项数字化技术的应用如果得以普及，将会颠覆人才管理领域的认知，很多传统技术都将被动地改进。

IBM 副总裁曾说过："我们不必去征询员工的反馈，就能真实地了解到员工学习与敬业度之间的关系。"这正是情感计算与识别技术的最大优势。做人才管理，无论是设计人才测评工具，还是优化胜任力模型，识别人才都需要对这两个维度进行判断：一个是态度，另一个是能力。如我们所畅想的那样，未来的情感计算与识别数据中心（见图 9-4）将各种个人数据汇聚在一起，借助各种数字化技术，提高对员工态度和能力两个维度的预测准确性，这绝对是一个让人兴奋不已的话题。当然，这就相当于人类在计算机面前处于"没有隐私"的状态。

图 9-4　未来的情感计算与识别数据中心

现在许多企业都尝试应用人脸识别技术，不过绝大多数情况是用于日常的员工考勤记录。试想一下，如果情感计算与人脸识别技术有机结合，会发生什么呢？一天早上，员工小王正在门口打卡。人脸识别技术第一时间捕捉到她萎靡不振的表情，再结合过往的访谈记录、绩效沟通等信息，企业就能够在一定程度上预判小王的工作稳定性。

以上这些技术就是人才管理的六大数字化转型趋势。如果明天需要在企业内选择实施其中的一项数字化转型，你会选择哪一项？

数字化技术赋能人才管理能量环模型

为了更加科学、准确地识人用人，人才管理能量环模型也需要拥抱数字化技术，完成自身的转型升级。基于上述关于六大数字化转型趋势的讨论，数字化技术对人才管理能量环模型的赋能价值是显而易见的。我们可以进一步畅想，未来有了数字化技术加持的人才管理能量环模型如何更好地服务于企业和管理者（见图9-5）。数字化技术几乎可以助力人才管理能量环模型的所有组成部分完成转型升级。

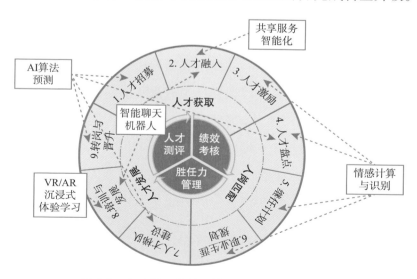

图 9-5　人才管理能量环模型的数字化转型预测

首先，借助 AI 算法预测技术，HR 可以对候选人的适岗能力以及同企业的文化适配度进行前期预判，提高人才招募的准确性。AI 算法还会不断地积累有效数据，持续优化胜任力模型，这一点对"人才盘点"和"转岗与晋升"两个部分有帮助，该技术也会应用于对高潜人才的识别，助力人才梯队建设。

当员工和智能聊天机器人探讨业务问题的时候，智能聊天机器人就能够判断该员工对本岗位关键知识和技能的掌握情况，并收录这些信息；智能聊天机器人也会针对员工提出的问题，为员工设计定制化的培训与发展计划。培训与发展计划中的一些内容就可以借助 VR/AR 沉浸式体验学习等数字化技术手段来展开，这样能更有效地提高员工的能力，进而提高工作效率。优秀的智能聊天机器人也会助力人才融入，一位随时可以回答员工问题的数字化秘书，多少会让员工心怀感激。

通过各种数字化技术采集的员工个人数据，最终都会收录并存储在情感计算与识别数据中心，借由数据分析，企业可以做到对每一位员工的实时跟踪分析，及时识别员工或团队的问题，并施加有效干预，起到保留人才的作用。其实早在 2011 年，惠普就开始通过科技手段掌握员工的动静行为、绩效、工作评价等信息，综合分析每一位员工的离职风险分数，有的放矢地识别并保留关键人才。据说这个分析模型帮助惠普省下了近 3 亿美元的离职与增补费用。

只要细心钻研，人才管理能量环模型中可以融合数字化技术的部分远不止上述这些。譬如在面试或行为事件访谈的过程中，通过情感计算与识别技术及时抓取被访谈人的心理动态，可以协助访谈人识别信息的真实性等。可以肯定的是，数字化赋能将是人才管理能量环模型的重要机遇。

　　然而，人才管理的工作是不会轻易被科技取代的，毕竟我们研究的对象是万物灵长的人。管理者需要的只是紧随时代，提升自我，别因自己的懒惰而被时代淘汰。就像山本耀司曾说过的那样："只有跟很强的东西、可怕的东西、水准很高的东西相碰撞，然后才知道什么是'自己'。"何其有幸，数字化就是我们值得碰撞的东西之一。

人才管理能量环模型的全球化应用

第一节　中国企业的全球化人才部署正成为趋势

　　自 2020 年起，几乎所有行业都受到了新冠疫情的影响，有些跌入谷底，有些则乘风而上。随着对医疗领域前所未有的关注和全球资本的持续流入，生物医药行业的产业规模在持续扩大。

　　生物医药可以说是当下的热门行业之一，其细分领域也迎来了高速发展，制药、生物技术、医疗器械、高端康养等领域人才需求旺盛，复合型高端人才成为各大企业竞相抢夺的稀缺资源。如今，国内大健康领域的从业人员人数已突破 50 万，且仍处在高速发展期。

　　T 公司作为国内大健康领域的领头羊，总部位于北京，曾入选美国《制药经理人》杂志评选的"全球制药企业 50 强"。T 公司的全球化业务也在蓬勃发展，是中国企业出海的标杆之一。

　　近年来，很多中国企业都在做产业升级，从"中国制造"进化为"中国智造"。T 公司也是其中的一员，从过去的仿制药到如今创新药的研发，T 公司已然尝到了自主研发的甜头。当然，在企业全球扩张的过程中，T 公司也切实地体会到了来自国际市场的激烈竞争，尤其是人才的竞争。

高端人才不足，复合型高端人才更是稀缺。T 公司最渴望的人才是那种既懂临床、又懂投资并购的复合型人才，而这种人才在哪里都是稀缺的，更何况是在大健康这个新兴领域。T 公司曾招募到非常优秀的投融资专业人士，但是他们并不懂医药行业，就必须想办法在企业内部补全这方面的知识。

还有一个问题是中国企业如何吸引到世界各地的人才。客观来讲，大多数中国企业的品牌知名度是有限的，而且对中国文化的不了解也会让候选人望而生畏。如何建立起国际化的雇主品牌，让各国的人才都能慕名而来，是 T 公司当前面临的一个关键问题。

进入公司的外籍员工的融入问题和未来职业发展问题也备受关注。想要打造世界一流的产品，尤其是药品，就需要世界顶级的专家团队来研发。但是文化多元性对很多中国企业而言是陌生的领域。

T 公司经过分析研讨，决定实施一系列人才管理改进举措来适应新的战略挑战。

首先，T 公司对内着手打造符合跨国企业要求的职业发展通道，对外大力投入雇主品牌建设，宣传企业理念，强调多元包容。T 公司还要求总部的所有管理者接受跨文化管理培训，要求他们作为表率，主动提升个人认知。先让这些管理者理解文化多元性，了解各国企业和人才的特点，进而成为文化包容的布道者。

其次，在招聘人才方面，T公司也认识到国际市场的人才争夺战更为复杂激烈，于是选择与全球领先的职业社交平台合作，借助对方的全球人才池来快速定位目标人才，抢占先机。

目前，T公司已经在英国伦敦成立了分公司，并在当地招募了100多名员工，其中50%是研发人员。这只是个开始，在不久的将来，T公司预计以此为起点向整个欧洲扩张，甚至在美国也要建立分部。

中国企业出海的前路是艰辛的，但也是充满机遇的。在这个过程中需要人才管理体系足够敏捷，能随企业共同成长，只有这样，才能快速应对不同阶段的不同人才问题。

全球化 1.0 时代的落幕

什么是全球化 1.0 时代

人们普遍认为全球化出现在第二次世界大战之后，主要指的是20世纪80年代以来出现在世界范围内的资本、文化、科技等方面的跨国交流。全球化并没有一个标准的定义，在此，我们聚焦经济和商业行为相关的全球化维度。

不可否认，过往的全球化进程是由西方国家主导的。尤其在互联网技术出现以后，地球村的概念深入人心。任何人、任何国家都不可能彻底回避全球化。发达国家的产业结构也已经由第二产业为主转型到第三产业为主，其中美国、英国、德国、法国第三产业占比都在70%以上。这让一些发展中国家分配到了很多全球第二产业的制造份额，中国也在这个全球化的进程中快速发展了经济。

但在这个阶段，中国企业在全球供应链中所扮演的角色多为低端产品的生产者或者供应商，多数情况下是承接跨国企业的订单，被动接受着全球化的洗礼。

中国企业的全球化始于改革开放政策帮助中国加入全球经济循环。这之后中国企业如日方升，渴望学习世界优秀的管理实践。我们曾效仿世界500强企业，甚至照搬了许多西方先进管理理念与技术，并试图建立与之相似的体系。

无论从外部市场还是内部管理的角度来看，这都是中国企业上下求索的全球化1.0时代。

当下，全球化将何去何从

首先，我们必须要清楚企业追求全球化的目的是什么。企业永远在追求利益最大化，这就意味着企业会本能地追逐市场，努力降本增效。

虽然很多人认为新冠疫情对于全球化的影响是不可逆的，而动荡不安的政治格局也给全球化的未来蒙上了一层阴霾，但是如果我们细心观察，就会发现这些跨国公司从未停止过在全球范围内努力寻找廉价、高效和年轻的市场，它们此时只是更加谨慎小心地前行。

老牌的跨国企业已经在全球供应链上投入了太多，不可能直接抽身走人。更何况这里面有账可算，全球化带来的成本优势、人才优势更为实在。势不可挡的数字化时代也使得实施全球化更为便利，从而增加了企业继续走下去的砝码。试想一下，有什么理由让快捷支付技术和便利的全球购在人们面前消失？在这一点上，甚至普通人也会因个人利益去维护全球化。

时至今日，全球经济仍然紧密地联系在一起。只不过一些部分需要改变路线，譬如俄罗斯的石油销售渠道等；有些部分已不再由某一国来主导，世界多极化的格局正在形成。对企业而言，这些改变有可能意味着预期外的成本和效率上的损失。这自然是企业不希望看到的，如何才能解决呢？答案还是在全球化之中。这也是为什么近年来，越南、菲律宾、墨西哥等国家的出口业务都在增长。

在全球化 1.0 时代，中国企业在市场竞争中得到了充分历练，很多企业也已经具备了同国外竞争对手一争高下的实力，就像前文提到的 T 公司。越来越多的中国企业将目光投向海外的市场，尤其是一些新兴市场。它们纷纷将全球化作为下一阶段的战略布局，想要享受全球化供应链的巨大福利。

对中国企业而言，"出海求增长"成为一个新的战略选择，自己也开始在全球供应链中扮演起不同的角色。

中国企业的全球化 2.0 时代：大势所趋，大有可为

中国企业走向世界存在一定的必然性，这个过程与世界 500 强企业的发展进程并无太大区别。出海一方面意味着更广阔的市场，为企

业保持高速发展提供机会；另一方面意味着企业也可以通过优化全球资源配置来进一步降低成本，提升自身的市场竞争力。

还有的中国企业希望能够更接近所在领域的技术与人才高地，这样有利于自身产品的创新研发。譬如 T 公司之所以首选欧洲作为海外发展的重点方向，就是因为那里聚集了众多国际制药巨头和大量国际化背景的专业人才。

近年有些舆论担心中国企业会越来越封闭，这是没有依据的。事实上，中国企业一直放眼全球，伺机而动。现如今，已有诸多国内知名企业的海外市场营收占比等于甚至超过总营收的 50%，如海尔、TCL 等。

中国企业出海正值风口，为什么这么说？有以下三个理由。

首先，中国企业的全球化进程仍处于"蓝海"阶段。根据公开信息，2021 年中国有进出口实绩的企业达 56.7 万家，占企业总数比例较小，有很大发展空间。

全球资源配置带来的红利是中国企业"走出去"的强劲动力。相较于中国市场，南美、非洲和中东地区都是值得中国企业掘金的新兴市场。而从成本控制的角度考虑，很多中国企业已经将生产工厂搬到了越南、泰国等地。这些地区不但物流成本低、贸易政策比较开放，而且当地劳动力市场处于人口红利期，人工成本也不高。

其次，互联网的普及和数字化技术加速了中国企业的全球化进程。例如字节跳动、阿里巴巴等成熟互联网企业正在全球化，一些新秀企业刚起步就借助互联网奔赴国际市场，且做得非常不错，如潮玩品牌泡泡玛特、美妆品牌完美日记等。

最后，中国企业正走出一条独一无二、中西合璧的管理之路。中国企业之前深受西方管理理论影响，如今我们发现很多中国传统智慧在企业管理之中颇有奇效。中国作为世界第二大经济体，而且中华文明是世界古代文明中唯一没有中断、延续至今的，中国企业理应具备文化自信输出我们的管理理念。那么如何像西方企业那样在全球成功地推广自身的管理文化，是一个令人兴奋的议题。

基于以上三个因素，中国企业正进入一个全球化的新阶段，这是角色升级与管理创新的全球化 2.0 时代。

这个时代既充满商机，又困难重重。作为中国企业的管理者，我们需要思考如何帮助企业在波诡云谲的全球化新环境中顺利前行。

企业全球化带给管理者的"世界级难题"

- 在国内步入存量需求主导时代之际，企业应该如何开疆拓土，抢占海外市场？
- 国内劳动力成本优势不如东南亚，中国企业如何去海外建厂招人？
- 医疗、氢能等高科技企业需在全球范围内搜罗顶尖人才，如何吸引外籍员工在一家中国企业工作？
- 不同地域文化差异巨大，照搬中国模式行不通，本土团队在海外如何贯彻企业价值观？

• 全球布局之下，各分部如何与总部实现有效沟通？

中国企业出海之路是征途，而非坦途。这些问题在众多出海的中国企业中存在共性。文化、语言、法律法规都是企业全球化进程中不得不攻克的"世界级难题"。人才都是用脚投票的，国际化的人才更是说走就走，很容易流失。本土化策略是有道理的，但不等于明白了道理就能做得对、做得好，有时候甚至都很难说好。

埃森哲的数据显示，59% 的中国出海企业难以平衡统一组织模式与地域业务差异化需求的矛盾。我看到很多中国出海企业的管理者在这些问题面前手足无措，这对他们而言确实是个陌生的领域。但企业又经不起经年累月的试错，这就需要具备国际化背景又通晓中国企业文化的管理者加盟组织。然而另一个问题出现了：具备国际化背景的中国管理者非常稀缺，大多数具备国际经验的管理者又很少有懂中国企业的。

这是一个中国企业的困境，也是一个管理者的宝贵机会。成为一个能够帮助中国企业征战国际市场的管理人才或许是下一个职业风口。

第二节　全球化 2.0 时代管理者的三门人才管理必修课

U 公司是一家氢能领域的耀眼新星，专注于氢燃料电池技术。经过三年孵化，U 公司于 2019 年由知名汽车品牌企业出资注册成立。与此同时，我们可以发现，国内很多传统汽车企业都在布局新能源领域，甚至将其视为企业的第二曲线。

目前，U公司已在加拿大和日本建立了研发中心，并计划在不久的将来大力拓展欧洲和北美业务，自成立以来，U公司就聚焦氢能领域的全球顶尖人才，现在已经拥有超过300人的研发团队，其中多为外籍专业人士，这在同行业之中都属于顶级规模的团队。

在全球化的进程中，U公司也遇到了所有出海企业都要面对的挑战。管理者也是尝试了各种管理举措，从外部和内部共同发力，在保障企业文化统一的同时逐步建立起一支国际化的管理团队。

首先，U公司借助了外部顾问团队的跨国人才服务来了解海外特定国家和地区的人才市场，并快速招募氢能领域的顶尖人才。

此外，U公司在贯彻企业文化与本土化管理之间找到了合理的平衡点，这方面的方法策略值得其他出海企业借鉴。其中比较突出的是以下两项举措。

第一，通过设计并实施有效的海外派遣项目，向海外分公司派遣驻地管理人员和技术人员。这些外派人员不但帮助中国总部与各国分部之间建立起了信任，而且有效地传播了U公司的组织文化。曾经有位工程师通过内部竞聘争取到了去美国驻地的机会，正值春节，公司交给他一项特别任务，那就是带着具有中国特色的小礼品到美国分公司去给大家分发。类似的小举动在 U 公司里有很多。文化的影响是相互的。再举个例子，U 公司有个全球统一的有趣动作，那就是把 CEO 的头像打印出来贴在纸篓上，作为一种让员工抒发情绪、鼓励员工开诚布公的诙谐手段。这样的举措在中国企业里是极其少见的，这也是文化交融的产物。

第二，U 公司为国际人才设计了完善的福利待遇，丰厚且贴心。U 公司不仅要在海外招募本地人才，还要招聘国际人才来中国总部工作。对于如何吸引国际人才选择背井离乡来到一家中国企业工作，U 公司下足了功夫。事实上，这方面在外资世界 500 强企业内部早有非常完善的规章制度。对于派驻到国外的骨干人员，企业会在衣食住行各个方面提供福利与便利。感兴趣的读者可以自行了解。

U 公司的全球化之路也才刚刚起步，接下来还会遇到各种挑战。在如今这个变化莫测的全球化新时代，出海企业的管理者要如何应对呢？

全球化 2.0 时代管理者面临的人才管理四大挑战

中国企业全球化，实际难度超过欧美企业，毕竟西方文化传播范围更广。中国企业出海所面临的场景势必是"难上加难"版本。

市场挑战：多极世界中的全球人才争夺战

从争夺全国人才到争夺全球人才，我们既需要吸引国际人才来中国工作，又需要在国外建立分支机构组建团队。不同场景下遇到的人才问题不尽相同。近年来，这些来自人才市场的挑战更加凸显，主要因为这两个关键词："多极世界"和"稀缺人才"。

多极世界：回顾 2022 年，国际形势突变、全球经济低迷、世界格局的变化仍然模糊不清，但多极化的趋势已经非常明显。这就带来了两个影响：第一，时局的变化导致一些全球化项目不得不做出改变，中国也因此受到波及；第二，科技、人才甚至一些渠道都受到了限制，这些影响都意味着企业要承担比之前更高昂的成本。

稀缺人才：企业全球化转型需要拥有一支具备国际化背景又了解中国企业文化的人才队伍。可问题是有那么多贯通中西的管理人才和技术人才吗？

《哈佛商业评论》的研究表明：在世界 500 强企业中，30% 的掌舵人是印度裔，华裔很少。事实上，在很多外资企业的总部，华裔员工的领导梯队通常是严重断档的，而这种情况在印度裔员工群体中则比较少，他们的梯队通常是健康的金字塔形。我们不在这探讨具体原因，就结论而言，国际化背景的中国管理人才一定是稀缺的。

中国企业出海，所求无外乎三种：拓宽市场，降低成本，再就是产业升级——从"中国制造"进化为"中国智造"。正如本章的两个案例，一个是从仿制药到创新药的研发，另一个是自主研发的氢能技术，这些企业最需要的就是世界前沿的知识与技术，也就意味着顶级的专业人才。

这类专业人才在全球范围内有多稀缺？举个例子，你知道 3D 打印技术可以制药吗？目前开发 3D 打印制药技术的公司主要分布在美国、中国和欧洲，这些企业都要争夺该领域的顶尖人才。可这个领域的人才在全球也很稀缺，而我了解过的出海企业通常还会附加一条更高的要求——希望技术人才懂商业逻辑。既懂商业，又懂行业技术，这种复合型专业人才更是少之又少。

中国企业的雇主品牌建设任重道远。一方面，中国企业至今享受着中国劳动力市场的人口红利和教育红利，在吸引人才方面没有那么大的压力，这使得企业很少关注雇主品牌的建设；另一方面，中国的出海企业毕竟还是少数，多数国家的人才对中国都不甚了解，更不要说名不见经传的中国企业了，甚至还有不少人才对中国企业文化有一些错误的刻板印象，望而生畏。雇主品牌的问题，无疑让中国企业的人才争夺战雪上加霜。

文化挑战：融合中国管理智慧的多元文化建设

文化是一个地区或国家多年沉淀下来的具有共性的精神价值和生活方式。文化挑战来自两个方面。

第一个方面是不同区域文化差异巨大，这也源自各自不同的社会结构。西方的社会结构是一种建立在宗教与海洋文明之上的团体格局，人际社会的关键词是"契约"。中国的传统社会结构是基于儒家思想和农耕文明的，是由内而外递减的差序格局。我们看重远近亲疏，人际社会的关键词是"信任"。这就奠定了中西方巨大的文化差异，这种差异只能被接收并尊重。

第二个方面是不同职场和企业差异巨大。欧美企业宣传了几十年的职业经理人基本素质就是一个典型例子，代表作有《高效能人士的七个习惯》。日本企业基于本国文化也形成了独到的职场文化，体现了日本企业独有的文化理念。

以上两种文化挑战直接影响国际员工的招募和融入。我们常说管理创新、科技创新，实际上文化也需要创新。而今，中国企业需要在保持自身特色的同时，建设起一种更加包容开放的多元文化。

管理挑战：新形势，新模式，新的挑战层出不穷

环境的差异带来了法律法规、福利待遇、人才市场习俗等各个方面的差异。

中国企业出海遇到的棘手问题之一便是当地的法律法规，如果不了解世界各地的法律条款，就会让企业暴露在风险之中。同样是裁员，美国奉行自由雇佣（Employment at Will），并没有法律规定要给补偿金。而在日本，无论是主动辞职还是被动离开，一般情况下公司都会发放补偿金。中国企业需要非常关注当地的法律细则才能规避风险。不只是法律法规，当地市场约定俗成的职业习惯、福利待遇都需要提前了解、重点关注。

远程办公等新工作方式的出现要求企业为人才提供更高的灵活性。

IBM 商业价值研究院的最新报告显示，35% 的员工表示在求职时不会考虑完全未提供远程办公选项的职位。员工的工作环境、工作方式以及工作理念正在发生颠覆性的改变。

这一点对出海的中国企业来说是非常有挑战的。如果推行灵活办公，是全球统一还是排除中国总部？这也印证了前文提到的观点：59% 的中国出海企业难以平衡统一组织模式与地域业务差异化需求的矛盾。

新形势，新模式，新的挑战层出不穷，这都要求管理者能够提前布局并敏捷应对。

技术挑战：人才管理数字化

在管理数字化这个领域，中国企业应该算是走在了世界的前列，这非常值得我们自豪，但还远远不够。目前各国都在快马加鞭地尝试各种不同类型的数字化转型。当下算是百家争鸣的时期，这条赛道的竞争异常激烈，且非常讲求时效。

关于人才管理的数字化转型，我们上一章已经详细介绍了未来的六个趋势，其中的多个案例充分地证明了人才管理因数字化技术的加持而得到效能提升。

有一部分技术挑战来自数据安全性。这是当下全球热议的话题，和世界格局也息息相关。近两年，各国都在推出数据安全相关的法案，中国也于 2021 年颁布了《中华人民共和国数据安全法》。这些新的法律法规在保护个人数据安全的同时，也增加了企业管理的成本和难度。如何通过技术手段来实现合规合法的高效数据流动是各企业都非常关切的话题，尤其是跨国企业。

过往的四十余年，中国企业的出海之路经历了从模仿到创新，从懵懂到自信的过程。面对这四大人才管理新挑战，中国出海企业需要进一步做到海纳百川。管理学大师彼得·德鲁克曾说："管理是关于人的。"中国出海企业的管理者需要寻找既符合中国企业文化，又能融入世界之林的全球人才管理模式。如何将中国传统的管理智慧和西方管理科学相融合，助力企业稳步成长为跨国组织，需要管理者在组织内部起到领导示范作用。

那么企业如何获得这样一批既深谙企业文化又具备国际视野的管理者呢？重点要放在未来管理者的三项修炼上（见图 10-1）。

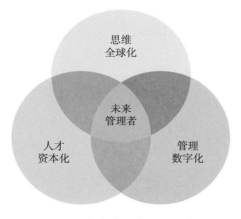

图 10-1　未来管理者的三项修炼

未来管理者的三项修炼

思维全球化：全球广度 + 中国深度

管理者的国际视野来自自身的阅历，也就是过往看过的书和走过的路。对企业而言，外部招聘一定能够比内部培养更快获得拥有全球广度、中国深度的管理者。但是选择外部招聘的话，企业还需要满足三个条件：第一，快速掌握海外人才市场的相关数据；第二，具备在指定海外市场获取人才的能力；第三，提供完善的新员工融入计划。

前两点对准备迈出国门的中国企业来说，可能需要借助一些外部专家的力量来确保事半功倍。例如，职业社交平台领英聚集了大量优质的国际化人才，其结合数字化技术的大数据洞察报告也非常实用，可以依照企业定制化的技能需求，呈现出某一国家或地区目标人群的数量和分布情况，帮助企业运筹帷幄之中，决胜千里之外。

外部招聘对出海企业来说只能解燃眉之急，长治久安的办法还是依靠内部的人才管理体系来培养更多的内生型国际人才。我们知道很多知名咨询公司都会提供跨国人才服务，针对海外扩张中的人才挑战为企业定制解决方案。在这个过程中，管理者也不要浪费自我提升的机会，多与这些主攻全球化服务的咨询公司交流学习，这正是提升自己、拓宽视野的好机会。

根据过往的企业出海案例总结，这类全球化服务项目中最值得管理者学习的有三个方面。

第一个是按照企业出海进程准备的"行动清单"。这个清单未必是现成的，很多时候需要管理者深度参与项目，自行总结。其内容大致包括：

（1）当地法律法规，确保企业合规运营。

（2）国家、地区的安全局势，确保海外资产与员工的安全。

（3）需沟通并建立联系的政府和商业机构名单，有些咨询公司甚至会列出逻辑清晰的拜访顺序。

（4）海外业务现场勘察报告。

（5）当地标杆企业员工薪资福利情况及工作生活现状等。

这些信息能帮助管理者快速掌握新战场最核心的信息。

第二个是人才市场的相关信息，譬如前文提到的领英大数据洞察报告，旨在解决人才招聘与培养的问题，这些信息可以帮助我们合理地制订计划，快速打造本土化团队来支持业务发展。

第三个是全球化进程中管理者所需的培训课程，包含全球化领导力、跨文化管理、本地运营管理等课程。国际化管理的大前提是管理者要了解并尊重文化多样性，有很多专门的培养项目可供选择。

这些内容都可以帮助管理者成长为拥有"全球广度＋中国深度"的国际化管理人才。思维全球化作为出海企业管理者的三项修炼之一，主要依靠管理者自身的主观能动性来完成。

除此之外，完善的人才管理能量环模型也能够帮助管理者及员工加速适应企业出海带来的巨大变化。

人才资本化：人才管理能量环模型将人才当作资本来运营

出海企业管理者的第二项修炼是人才资本化，释放人的潜力，让企业内部效能不断地良性增值。这需要企业建立起科学高效的人才管理机制作为支撑。人才管理能量环模型正是这样的人力资本增值体系。

人才资本化一直是人力资源领域的前沿研究方向。如同资本市场一样，进入国际市场意味着人才总量更大、选择更多，相应的投资风险也会随之变化。唯有使用人才管理能量环模型，修炼好人才管理的"内功"，才能让人才成为企业海外扩张的助力，而不是阻碍。

回顾第二、三篇的众多案例可以总结出，人才管理能量环模型不仅能够在流程、机制这些硬件上为企业运营好人力资本，在文化、氛围这些软性方面的价值更加不可估量。它的存在使企业员工能够在不确定的环境中获得一种确定感、稳定感，从而减轻焦虑感，并能够比较从容地相互协作。这在当下可谓人才保留的制胜关键。

人才管理能量环模型中的多个模块都能帮助企业管理者在全球化进程中快速适应和成长。比较容易理解的有国际化人才的融入项目、覆盖全球的人才梯队、国际视野的继任计划等。

再比如，**海外派遣计划（Expat Program）**，就是专门为企业全球化设计的人才发展项目。尤其在一些特定场景下，比如刚刚建设跨文化管理的启动期，总部与分部出现管理分歧的磨合期，海外分部需要特殊技术支持等场景下，海外派遣计划可以说是企业的灵丹妙药，屡试不爽。

海外派遣计划有三个显著的好处。

第一个好处是给予及时的支持。我曾经手过一个海外派遣案例，由于非洲某国的工厂无法在当地找到具备特定技术的人才，事实上当地都没有一所本科水准的大学，总部外派技术人员可以第一时间补位，保障业务发展。

第二个好处是高质量的文化传承。外派人员往往不仅带着技术和管理工具赴任，而且作为企业文化的布道者来到海外，在与当地员工的沟通交流中建立信任，并传承企业的核心价值，很多 500 强企业都非常看重这个好处。

第三个好处是外派人员自身全球化思维的提升。前文有提到过，很多管理者都是通过海外派遣计划获得了宝贵的海外经验，从而升级成为国际化管理人才的，这对于企业和个人都是难能可贵的增值机会。

类似的案例不胜枚举，重点是企业若想实施这些人才管理举措并从中获益，企业的管理者们就必须修炼"人才资本化"这门技术课，本书便是最佳启蒙教材。

管理数字化：管理者的认知也需与时俱进

《经济学人》曾指出：**企业将会面临充满危机的全新商业环境，首要的能力就是拥抱高新科技的能力。这个能力的载体首先就是企业中的管理者。**

数字化时代已然来临，本书第九章阐述了数字化技术与人才管理之间的赋能关系，也详细介绍了人才管理的六大数字化转型趋势，其中 AI 算法预测、VR/AR 沉浸式学习、智能聊天机器人、RPA 和智能共享服务均已有大量的应用实践案例。2023 年引爆全球的 ChatGPT 就属于智能聊天机器人范畴。总而言之，管理数字化是企业在国际竞争中的必争之地。

管理者需要提升对数据安全性的认知。近年来，无论是企业还是非营利机构，都面临来自数据安全方面的巨大压力。其原因无须赘述，额外增加的企业管理成本和由此产生的人才管理难题是实实在在摆在眼前的。

出海以前员工仅在国内，很多事情可以通过内部协商解决。而数据一旦跨境，监管的权限就远超出企业的管控范围，其中风险不言而喻。相信很多人都已经被动认识到了这一点，尤其是在外资企业和中国出海企业工作的管理者应该深有感触。

与人相关的数据在绝大多数国家都要求以最高级别保密。如今，数据发送和接收的限制越来越复杂。为了帮助确保数据的安全性，很多企业都要求员工在日常活动中的每一步都优先考虑隐私和数据保护。道理虽然简单明了，但操作起来确实困难。

放眼全球，经济形势仍不容乐观，中国也已经进入了存量时代的新常态。对中国企业而言，从懵懂的全球化 1.0 时代到"升级创新"为主的全球化 2.0 新时代，经过四十余年的历练，羽翼渐渐丰满，正是进军全球市场的好时机。

管理者也要充分考虑企业出海面临的四种挑战，努力完成思维全球化、人才资本化、管理数字化这三项人才管理修炼，为企业的全球化进程保驾护航。通过阅读本书，管理者可以提升识人用人的本领，进一步做到把人才当成资本来运营增值。

结语

当下的世界，唯一不变的就是持续的变化。企业和个人都不得不去适应新的环境，面对新的挑战。如果我们要在这加速变化的境遇下抓住一丝值得坚持的东西，"对人的探索与关注"便是其中很重要的一项。

企业需要通过实现战略目标来获得成功。企业的战略目标能否实现取决于战略实施能力。为了打造满足这些需求的能力，企业需要一套由战略驱动的人才管理体系，再借由该体系的价值输出驱动战略的落地执行。这正是我们在第二章中探讨的战略、组织与人才的能量关系。

管理者需要通过达成业务目标来获得成功。这无法仅仅依靠某一个人的努力，而是需要团队协作来完成一系列经营动作。在这个过程中，管理者最重要的价值便是识人用人的能力。虽然每一位管理者都可以基于自身经验，总结提炼识人用人的智慧，但是先进的、系统的人才管理体系既是秘籍，又是工具，可以卓有成效地提高管理者的管理水平和效率。

人才管理能量环模型正是满足中国企业和管理者上述需求的人才管理体系。

人才管理能量环模型旨在打造企业内部的人力资本增值体系，来应对和解决有关人才的价值问题和效率问题。这也是作者撰写本书的初衷。人才管理能量环模型如果运用得当，人才管理也可能成为企业的战略优势之一。哪些企业把人才管理当作自身的核心竞争优势？通用电气、3M、华为等都是不错的例子。我希望中国出现更多的华为，出现越来越多以"人才强企"为战略的优质企业。

当然，将人才管理体系打造成企业的核心竞争优势并非易事。至少就目前的需求看，我们需要力争实现这三点：人才管理能量环模型的**本土化**、**数字化**、**体系化**。再先进的技术，如果无法在中国企业落地实施，就没有学习的价值。数字化的重要性和必然性无须赘述了，我们要以开放、快速的方式拥抱高新科技。在这里，我们着重强调一下"体系化"的重要性。

事实上，本书无时无刻不在强调人才管理能量环模型各个组成部分之间的协作与互补。搭建人才管理能量环模型是一个系统性话题，单独在一两个领域进行改进并不能发挥出人才管理能量环的真实效力。最常见的例子就是没有人才标准的"人才梯队建设"，缺少后续"培训与发展"或"转岗与晋升"动作的继任计划等。只有内环的三角核心与外环的九个应用场景整合成一个统一的、协调的闭环系统，人才管理能量环模型才是一个可以正常运行的人力资本增值体系。

作为一个资深的人才管理工作从业者，作者非常希望借助本书在为各位读者展现识人用人的知识与技术的同时，也能切实地让各位感受到人才管理的魅力。虽然每一个人都在持续变化着，但是冰山模型水面以下胜任力的稳定性，以及对人的行为的可预见性，就像海底的油田一样，是值得挖掘的巨大财富。作为管理者，我们又何尝不想做一个带兵有道的将才，或者至少是善识千里马的伯乐呢？既能帮助他人发展，又能助力自己工作，何乐而不为？希望各位都能在本书中找到一些能够帮助自己达成所愿的东西。